PiRi

Das Sprach-Lese-Buch 2
Lehrerband

Erarbeitet von
Angela Hock-Schatz
Sonja Kargl
Ute Schimmler
Sabine Trautmann

Beratung von
Christa ten Broek
Manuela Burgard
Judith Havenith-Kluck
Marion Kosmowski
Hedda Otterbach

Ernst Klett Grundschulverlag

Leipzig   Stuttgart   Düsseldorf

Inhalt

Vorwort

Wer oder was ist Piri?

Piri ist keine Überarbeitung oder Neubearbeitung eines bestehenden Schulbuches, sondern ein völlig neu entwickeltes Sprach-Lese-Buch. Piri steht auf der einen Seite für Sie als Lehrer für eine konsequent durchdachte Arbeitsgrundlage auf Grund von Forderungen an heutigen Sprachunterricht. Auf der anderen Seite ist Piri für Ihre Kinder das Synonym für eine pfiffige Leitfigur – das Wiesel.

Piri ist eine gelungene Konsequenz aus den Ansprüchen, die an modernen Sprachunterricht gestellt werden. Alle Sprachbereiche – mündliches und schriftliches Sprachhandeln, Sprachreflexion, Umgang mit Texten und Rechtschreiben – müssen Berücksichtigung erfahren, angemessenen Raum erhalten und ein harmonisches Ganzes bilden. Jeder Deutschlehrer, jede Deutschlehrerin weiß um die Schwierigkeiten im Alltag, dieses zu bewältigen. Daher ist es an der Zeit, Bücher zu entwickeln, die diesen Ansprüchen genügen und alle Bereiche integrativ berücksichtigen.

Mit Piri halten Sie ein solches Gesamtkonzept in der Hand. Es ist ein Kombiwerk, das Ihnen Ihre Unterrichtsvorbereitung vereinfacht und Ihrem Wunsch nach integrativem Unterricht entgegenkommt.

Innerhalb kindgerechter Einzelthemen können Sie nach verlässlichen Grundmustern arbeiten. Ein großer Bereich zur Sprachbetrachtung wird verknüpft mit einem thematisch abgestimmten Leseteil und ergänzenden Übungsseiten. In jedem Kapitel werden Rechtschreibphänomene und grammatikalische Übungen eingeflochten und sind in ihrer Berücksichtigung eng angelegt an die Forderungen der Lehrpläne für das Fach Deutsch. Fachbegriffe werden früh eingeführt und durch immer wiederkehrende Verwendung gefestigt. Da Sprach- und Leseseiten jeweils zu einem Thema integrativ verbunden sind, wird projektartiges Arbeiten ermöglicht. Hinweise innerhalb der Sprachseiten bieten oft vertiefende Textrezeption an. Hierbei wurde besonders darauf geachtet, dass viele Texte die Kinder zu weiterem Lesen anregen. Daher gibt es auch eine ganze Reihe Auszüge aus bekannter Kinderliteratur.

So setzt Piri auf die Motivierung der Lesefreude von Kindern genau so wie auf die Entwicklung der Sprachkompetenz.

Die Auswahl von „nur" sieben Themen zeigt, dass jedes einzelne Thema einen breiten Raum erhält. Die Berücksichtigung aller erwähnten Teilbereiche benötigt Zeit. Kinder kann man nicht durch viele Themen jagen und gleichzeitig denken, dass man nun viel geschafft hat. Unser Buch lässt Zeit zur Vertiefung und, das ist ganz wichtig, Zeit zum Schreibenüben.

Dieser Raum kann auch genutzt werden, um fachübergreifend zu arbeiten. Anregungen erhalten Sie im Lehrerhandbuch. Sowohl im Fach Sachunterricht, als auch in Kunst oder Sport lassen sich Dinge aufgreifen und mit anderer Akzentuierung behandeln. Auch aus diesem Grunde wurden die Themenüberschriften weit geöffnet.

Piri steht aber neben der inhaltlichen Komponente gleichzeitig auch als Name der Leitfigur – ein flinkes Wiesel, das Ihre Kinder durch sachliche Hinweise, Gedankenanstöße oder einfach als lustige Darstellung durch das Buch begleitet.

Besonders zu erwähnen ist bei diesem Lehrwerk das Layout. Hier wurde auf eine farblich harmonische Optik geachtet. Das Äußere wirkt durch die Hellblautönung ruhig und dieser Eindruck bleibt auch bei genauerem Hinsehen des Inneren enthalten.

Bei der folgenden genaueren Beschreibung der Konzeption des Buches und des Lehrerbandes wird wegen der besseren Lesbarkeit auf die Unterscheidung Lehrer/Lehrerinnen verzichtet. Wenn jedoch von Lehrerinnen gesprochen wird, bitten wir die männlichen Kollegen sich ebenfalls angesprochen zu fühlen.

Konzeption des Sprach-Lese-Buches

Konzeptionelle Alleinstellungsmerkmale

Was ist an diesem Sprach-Lese-Kombi anders als an anderen Kombiwerken? Das Lehrwerk Piri bietet einen dominanten Sprachanteil von 65 bis 70 %. Das ist ein höherer Sprachseitenumfang als viele Sprachbücher bieten. Der Leseanteil beträgt 35 bis 40 % reine Leseseiten. Ergänzt werden diese durch Texte auf den Sprachseiten, die in der Regel funktionalen Charakter haben. Sprache und Lesen werden thematisch verknüpft und bieten bei kleinschrittiger Vorgehensweise einen zuverlässigen und sicheren Lehrgang. Systematisch werden Rechtschreibphänomene und grammatikalische Regeln behandelt und durch wiederkehrende Anwendungen vertieft und geübt.

So wird zum Beispiel der Begriff des Nomens in fünf Schritten eingeführt und vertieft:

1. Nomen werden aus einem Text gesucht

   Menschen, Tiere, Pflanzen und Dinge haben Namen.
   Sie werden Nomen (Namenwörter) genannt.
   Nomen werden immer großgeschrieben.

2. Text einer Sprechblase mit Nomen und Artikel

   Nomen haben Begleiter. Sie werden Artikel genannt.
   Es gibt die Artikel **der, die, das: der** Mann, **die** Frau, **das** Kind.

3. Text mit Einsatz bestimmter und unbestimmter Artikel

   Nomen können bestimmte und unbestimmte Artikel (Begleiter) haben. Bestimmte Artikel sind **der, die** und **das**; unbestimmte Artikel sind **ein** und **eine**.

4. Sachtext mit Nomen in der Einzahl und Mehrzahl

   Nomen können in der **Einzahl** (Singular) stehen:
   der Brief – **ein** Brief,
   oder in der **Mehrzahl** (Plural):
   die Briefe – **mehrere** Briefe.

5. Lückentext mit zusammengesetzten Nomen

   Mit zusammengesetzten Nomen kann man etwas genauer beschreiben. Der Artikel richtet sich nach dem zweiten Nomen.

Optisch klar hervorgehobene Regeln und Merksätze lassen schon auf den ersten Blick die Zieltransparenz im Schülerbuch erkennen. Neben den kognitiven Inhalten werden auch die Arbeitstechniken eingeführt und durch Merksätze gefestigt. Hierzu gehören neben Diktatüben auch solche Dinge wie Auswendiglernen und Abschreiben.

Nicht zuletzt soll an dieser Stelle auf das Lesebändchen hingewiesen werden, das den Kindern eine Hilfe ist, sich in ihrem Buch zurecht zu finden, zumal im 2. Schuljahr die großen Zahlen nicht von allen gelesen werden können.

Die Gliederung des Buches

Das Sprach-Lese-Buch beginnt mit einer optisch ansprechenden Übersicht – mit einer Kleindarstellung der Kapitelauftaktseiten – über die sieben Kapitelthemen:

- Ich mag
- Vom Lesen und Schreiben
- Wünsche und Träume
- Erleben und Beschreiben
- In anderen Ländern
- Zeit vergeht
- Das Jahr

Als wichtigstes Kriterium bei der Auswahl der Kapitelthemen ist die Bedeutsamkeit der Inhalte für die Lebenswirksamkeit der Kinder zu nennen. Die Kinder müssen mit dem Thema „etwas anfangen" können, erste Assoziationen haben und sich äußern wollen.

Neben diesem Schwerpunkt aber müssen auch alle Themen gewährleisten, dass sprachliche Inhalte vermittelt werden können und genügend Raum für Eigentätigkeit zulassen. Hinzu kommt immer auch die Forderung nach möglicher eigener zusätzlicher Erweiterung seitens des Lehrenden. Unsere Themen wurden bewusst weit gefasst, um Raum zu geben für ein breites Angebotsspektrum. Des Weiteren eröffnen sich so die Möglichkeiten projektartigen Arbeitens. In allen Kapitelthemen wurden alle Arbeitsbereiche eingebunden. Die Gliederung innerhalb der Kapitel ist gleich, so dass eine schnelle Orientierung auch für Kinder gesichert ist.

Trotz des gleichen Aufbaus ist innerhalb des Buches eine Wendung vom „Ich" zum „Wir" erkennbar. „Ich mag", „Vom Lesen und Schreiben" und „Wünsche und Träume" sind Kapitel, die eher vom Kind selbst ausgehen und von seinen ganz persönlichen Erfahrungen. Im Kapitel „Erleben und Beschreiben" öffnet sich der Blickwinkel und bezieht mehr die Umgebung ein. Die Sinne werden angesprochen. Die Tiere der näheren Umgebung und Freunde werden wahrgenommen und genauer betrachtet. Eine mehr sachlich orientierte Auseinandersetzung findet in den beiden Kapiteln „In anderen Ländern" und „Zeit vergeht" statt. Hier werden besonders die Möglichkeiten einer Integration von Sprach- und Sachunterricht gegeben.

Das Schlusskapitel „Das Jahr" nimmt eine Sonderstellung ein. Es trägt eher den Charakter eines Lesekapitels und bietet jahreszeitliche Texte an. Im Arbeitsheft jedoch sind zugehörige Sprachübungsseiten zugeordnet.

Den Kapiteln folgt auf sechs Doppelseiten ein Kompendium mit einer Wiederholung der wichtigsten im Buch behandelten grammatischen Phänomene sowie eine Wiederholung der eingeführten Arbeitstechniken und Diktatformen.

Eine angefügte Wörterliste und Begriffe zum Nachschlagen vervollständigen das Schülerbuch. Eine Übersicht über die Lernbereiche schließt das Buch ab.

Der Aufbau der Kapitel

Jedes Kapitel beginnt mit einer doppelseitigen Kapitelauftaktseite. Sie führt in das Thema in der Regel durch Bilder ein. Sie rufen bei Kindern Assoziationen hervor, indem sie an ihre Vorerfahrungen anknüpfen und sie motiviert, sich mündlich zu äußern. Es wird eine Erwartungshaltung aufgebaut, macht neugierig auf das Thema und regt an zu eigenem Tun.

Manchmal bieten sich fachübergreifende Handlungsmöglichkeiten an wie zum Beispiel zum Thema „Wünsche und Träume" ein Lied.

Die Sprachseiten

Die folgenden Sprachseiten umfassen sechs Doppelseiten und sind am linierten Rand zu erkennen. Gute Orientierung ist durch den einheitlich linearen Aufbau gegeben. Meist wird durch kurze funktionale Texte oder manchmal durch unterlegte Bilder in die Seiten eingeführt. Wenn es sich anbot, wurden Fotos – besonders Naturaufnahmen – gewählt, die die Kinder in diesem Alter besonders ansprechen. So wird auf ein Rechtschreibphänomen oder Besonderheiten der Sprache usw. aufmerksam gemacht und zur Erarbeitung aufgefordert. Die Arbeitsanweisungen sind durchnummeriert und verwirren nicht durch zu erlernende Piktogramme. Kinder eines zweiten Schuljahres sollen Arbeitsanweisungen lesen, und durch sich wiederholende Formulierungen für gleiche Arbeitsanweisungen Übung im täglichen Tun erhalten. In allen Kapiteln werden jeweils einheitliche Auszeichnungen für Merksätze, Arbeitstechniken, Diktate und Lernwörter benutzt. Die Arbeitstechniken stehen in blauen, die Merksätze in orangen Kästen.

Die Diktattexte sind in blauer Schrift hervorgehoben. Zu lernende Wörter des Grundwortschatzes sind auf dem unteren Satzspiegel der Seite orange aufgeführt. Nur zwei Piktogramme werden in diesem Buch verwendet. Zum einen verweist das Lesezeichen

im Sprachteil auf einen Text im gleichen Kapitel, der inhaltlich oder thematisch zur Seite passt. Zum anderen gibt es den Verweis zum Leselexikon

Dieses ist hinter Wörter gesetzt, die die Kinder vermutlich nicht oder nicht genau erklären können.

Die Illustrationen sind auf den Sprachseiten bewusst farblich zurückhaltend gestaltet, um einer Reizüberflutung entgegen zu wirken und die Kinder gezielter auf die Sache lenken zu können.

Die Leseseiten

Die sechs folgenden Doppelseiten sind Leseseiten und fügen sich eng, manchmal kaum auffällig in die Thematik ein. Diesen Seiten fehlt die Einrahmung, deshalb ermöglichen sie eine vielfältige Gestaltung. So wurde der Forderung nach ästhetischer Erziehung Sorge getragen. Besonders auffällig im Leseteil ist die große Textsortenauswahl. Neben vielen kurzen Prosatexten findet man Sachtexte, Gedichte und längere Texte, sodass jedem Leseniveau Rechnung getragen wurde. Fragen zum inhaltlichen Verständnis und weiterführende Anregungen werden unter den Texten gegeben.

„Du kannst"-Aufgaben sind wie im Sprachteil als zusätzliche freiwillige Arbeitsaufträge aufzufassen.

An dieser Stelle muss noch gesondert auf die Einbindung bekannter Kinderbücher hingewiesen werden. Geeignete Auszüge lassen die Kinder neugierig werden und regen sie (und die Lehrerin) zu weiterem Lesen an. Manchmal werden auch die Autoren vorgestellt.

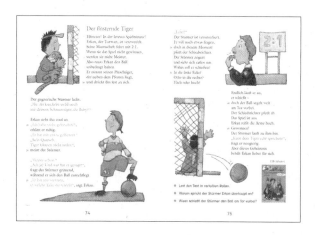

Bei einigen Texten, die sich besonders zum rollenverteilten Lesen eignen, wurde die wörtliche Rede farbig hervorgehoben. Da die wörtliche Rede von Zweitklässlern nur schwer erkannt wird, ist diese Methode eine gute Hilfe zum Lesenlernen mit verteilten Rollen.

Bei längeren Texten geben die Zeilenangaben Hilfestellung bei der Erarbeitung von Inhalten, die mit Textstellen belegt werden sollen.

Die Übungsseiten

Vier Seiten mit Übungen schließen jedes Kapitel ab. Auf den drei ersten Seiten findet man Aufgaben zum Sprachteil. Sie ermöglichen einen vielfältigen Einsatz:

- Differenzierung,
- Lernzielkontrolle,
- Hausaufgabenangebot,
- Festigung und Vertiefung.

Die letzte Übungsseite bezieht sich auf die Leseseiten. Es werden Fragen zur Überprüfung des Textverständnisses gestellt und durch Aufgaben genaues Nachlesen und das Trainieren des Auffindens besonderer Textstellen verlangt. Lösungswörter dienen häufig der Selbstkontrolle.

Das Kompendium

Das umfangreiche Kompendium greift in gleicher Reihenfolge die im Buch eingeführten grammatikalischen Phänomene und Arbeitstechniken auf. Sie werden durch weitere Übungen wiederholt und vertieft. Andere Übungsformen festigen das bereits Gelernte und unterstützen damit die Lehrplanforderungen der didaktischen Schleifen. Die Merksätze werden wiederholend aufgeführt. Der Einsatz des Kompendiums im Unterricht ist vielfältig denkbar:

- Zum einen lässt es sich als Differenzierung während der Behandlung der einzelnen Sprachphänomene einsetzen.
- Als nächstes wäre der Einsatz am Ende des Schuljahres als geschlossen wiederholender Lehrgang möglich.
- Auch für den Einsatz als Hausaufgabe ist das Kompendium zu benutzen.
- Nicht zuletzt sollen die Kinder das Kompendium zum Nachschlagen bekannter Regeln und Merksätze nutzen, um das selbstständige Arbeiten zu unterstützen.

Anhang zum Nachschlagen

Die Wörterliste

Die Wörterliste enthält alle Wörter des Grundwortschatzes, die auf den einzelnen Seiten ausgewiesen wurden, sowie Wörter des Lehrbuches, die sich aus der thematischen Einbindung des Kapitels ergeben. Grundlage für die Auswahl der Wörter war neben der inhaltlichen Notwendigkeit die Orientierung am Häufigkeitswortschatz der Kinder dieses Alters. Die Nomen werden mit Artikel und Pluralform angegeben. Wörterlisten in Deutschbüchern stellen eine Vorform der Wörterbücher dar und sind als Hinführung zum Nachschlagen anzusehen. Wichtige Arbeitstechniken können so in vereinfachter Form eingeübt werden:

- Überprüfung von zu schreibenden Wörtern,
- Wörtern zu Wortarten suchen,
- alphabetische Übungen (Vorgänger, Nachfolger...),
- Wörter zu Wortfamilien suchen,
- Wörter mit bestimmten orthografischen Merkmalen suchen,
- Selbstkorrektur von Texten (Diktaten).

Lexikalische Begriffe

Den Abschluss des Buches bildet das Leselexikon. Durch die Verweise zum Leselexikon werden die Kinder aufgefordert, die Begriffe nachzuschlagen, die ihnen nicht bekannt oder nicht so geläufig sind. Hier beginnt – ähnlich wie mit der Wörterliste – die Einübung zum eigenständigen Lernen am gleichen Buch. Das Nachschlagen in einem Lexikon, das zudem im Elternhaus häufig auch nicht zur Verfügung steht, ist zu Beginn recht schwierig. Daher ist unser Angebot, das Leselexikon, eine Hinführung in kleinen Schritten.

Zudem sind die Definitionen altersgemäß formuliert, so dass es (wie es häufig bei umfangreichen Lexika geschieht) keine Frustration bei den Kindern gibt.

Weiterführende, vertiefende Aufgabenstellungen, die von einzelnen Definitionen ausgehen, sind natürlich auch denkbar.

Übersicht über die Lernbereiche

Am Ende des Buches finden Sie eine Übersicht über die Lernbereiche. Die Unterteilung in:

- Sprachen untersuchen,
- Rechtschreiben,
- mündlicher und schriftlicher Sprachgebrauch/Lesen,
- Lernwörter

gibt Ihnen ohne große Mühe einen Überblick über die angestrebten Ziele des Kapitels mit möglichen Schwerpunkten. Die Parallelität des Sprach- und Leseunterrichts wird deutlich und gibt eine zusätzliche Orientierung innerhalb aller Bereiche des Sprachunterrichts. Dies wird verstärkt durch die Seitenangabe bei jeder Inhaltsangabe und bei jedem Lernziel.

Des Weiteren wird durch mögliches Vergleichen einzelner Bereiche aller Kapitel wie z. B. „Sprache untersuchen" die Verzahnung und der kleinschrittige, aufeinander aufbauende Lehrgang dieses Buches deutlich.

Das Arbeitsheft

Zu „Piri – Das Sprach-Lese-Buch" werden Arbeitshefte in VA, LA und SAS angeboten. In diesen Heften werden vor allen Dingen die Aufgaben aus dem Lern- und Übungsteil des Schulbuches aufgegriffen, ergänzt und weitergeführt. Sie beinhalten neben Übungen zur Sprachbetrachtung und Rechtschreibung auch Aufgaben zur Überprüfung des sinnentnehmenden Lesens und zur Auseinandersetzung mit bekannten Texten. Im Arbeitsheft erhalten Sie auf jeder Seite durch die Seitenangabe, die sich auf das Schülerbuch bezieht, Hinweise auf die Verbindung beider Werkteile. Dennoch ermöglicht die Herauslösung einzelner Phänomene der Rechtschreibung, Grammatik oder Sprachbetrachtung immer das vertiefende Üben und den Transfer. Neben der Einbindung in ein Thema darf nicht vergessen werden, dass Kinder zusätzliche Übungsmöglichkeiten benötigen.

Die Lesehefte

In Kürze werden weitere Texte in Form von Leseheften angeboten werden. Viele Lesetexte sollen zu den verschiedenen Themen Möglichkeiten der Vertiefung und Differenzierung geben. Als Textformen sind sowohl Sachtexte als auch Spaßtexte, Gedichte, Märchen und Auszüge aus Ganzschriften vorgesehen, um an dieser Stelle nur einige Beispiele zu nennen.

Aufbau des Lehrerhandbuches

Das Lehrerhandbuch möchte Ihnen eine Hilfe bei der Arbeit mit unserem Lehrwerk Piri sein. Neben der Darstellung der Konzeption ist es uns ein Anliegen, Ihnen zusätzliche praktische Tipps zu geben.

Die folgende Darstellung der Arbeit mit dem Lehrerhandbuch verzichtet auf die Hinweise zur möglichen Wahl der Sozialformen, da die Entscheidung einer Lehrerin zugunsten einer Partner-, Gruppenarbeit oder anderer Methoden immer abhängig von der Lerngruppe ist. Die Abhandlungen der einzelnen Kapitel sind immer gleich aufgebaut.

Eine erste Annäherung an das Kapitelthema und erste methodische Vorschläge, um in das Thema einzusteigen, werden Ihnen durch **einleitende Worte** auf der rechten Seite gegeben.

Die **Lerninhalte und Ziele** beziehen sich auf das gesamte Kapitel und geben so einen ersten Überblick. Im Anschluss folgt die Beschreibung der Intention und Bearbeitung der **Kapitelauftaktseite**, wobei auch auf **fächerübergreifende Handlungsmöglichkeiten** hingewiesen wird.

Auf den folgenden linken Seiten werden immer die zwei gegenüberliegenden Sprachseiten des Schülerbuches in verkleinerter Darstellung gezeigt. Sie müssen also nicht bei Ihrer Unterrichtsvorbereitung das Schülerbuch zur Hand nehmen, um einen Überblick über die Sprachseiten zu erhalten. Unter den abgebildeten Doppelseiten werden die **Lernziele der Doppelseite** sowie die **Lernwörter** differenziert aufgeführt. Bereits an dieser Stelle sind Hinweise zur Arbeit mit dem Leselexikon oder Merksätze nachzulesen.

Gegenüber auf der rechten Seite des Lehrerhandbuches finden Sie immer eine Beschreibung der **methodischen Umsetzung**, die wie alle Hinweise als Vorschläge und Ideensammlung zu verstehen sind. Es versteht sich von selbst, dass jede Lehrerin auch anders methodisch vorgehen kann.

Die methodische Umsetzung ist die Darstellung von Methoden und Medien, die bei der Bearbeitung der angegebenen Doppelseite möglich sind. Hierbei wurde besonders darauf geachtet, dass die Lernziele von links in den Hinweisen zur Unterrichtsdurchführung zu erkennen sind. Angeführte Merksätze werden durch zusätzliche Erläuterungen und Erklärungen vertieft. Wenn das Schülerbuch Lösungen oder besondere Tafelanschriften fordert, finden Sie diese natürlich auch.

Alternative Unterrichtsvorschläge und Differenzierungsmöglichkeiten, die sich vielleicht nicht sofort aus der ersten Sicht der Seiten erschließen, sind anschließend formuliert.

Leseverweise und Verweise zu den Übungsseiten finden Sie unter der Überschrift **Bezüge zum Übungs- und Leseteil**.

Weiterführende **Literaturtipp** werden gelegentlich als zusätzlicher Service angegeben. Dies schließt nicht die Lektüretipps ein, die bereits im Schülerbuch evtl. als Cover vorgestellt wurden.

Abgeschlossen wird die Seite durch die Seitenverweise zu den zugehörigen Seiten im **Arbeitsheft** und den **Kopiervorlagen**. Auf einigen Kopiervorlagen wurde das Differzierungsniveau mit einer Feder bzw. mit einem Stein gekennzeichnet.

Nach Durchlauf der Sprachseiten finden Sie auf der folgenden linken Seite Informationen zu den **Leseseiten** des Schülerbuches, wobei auf die Ablichtung der Texte verzichtet wurde.

Zum Kapitel gehörende **Kopiervorlagen** finden Sie gleich anschließend, sodass die Behandlung jedes Kapitels als eine in sich geschlossene Einheit zu erkennen ist. Die Kopiervorlagen sind als mögliche Differenzierungen, Vertiefungen oder auch Erweiterungen konzipiert. Auch handlungsorientierte Übungsformen haben hier ihren Platz.

Durch den klaren sich wiederholenden Aufbau im Lehrerband entfällt das „Zusammensuchen" dessen, was zusammengehört. Durch den immer wiederkehrenden gleichen formalen Aufbau jeder Kapiteldarstellung ist die Handhabung des Lehrerheftes einfach und unproblematisch.

Kapitel 1 – Ich mag

Ich mag ...

Einleitende Worte

Wünsche und Vorlieben der Kinder stehen im Mittelpunkt des Kapitels. Die Kinder sollen über ihre Vorlieben nachdenken und von ihnen erzählen. Im Vordergrund steht dabei das freie Sprechen über Tiere, Freunde und Gefühle.

Lerninhalte und Ziele

Die Kinder
- üben freies Sprechen,
- wiederholen Gesprächsregeln aus Klasse 1,
- formulieren gemeinsam Regeln für das Leben in der Klassengemeinschaft,
- lernen Abschreibregeln kennen,
- lernen das Alphabet,
- ordnen Wörter alphabetisch,
- schlagen Wörter in der Wörterliste nach,
- lernen Nomen und Artikel kennen,
- unterscheiden bestimmte und unbestimmte Artikel,
- erkennen den Satz als Sinneinheit,
- setzen das Satzschlusszeichen als „Punkt",
- berücksichtigen die Großschreibung am Satzanfang,
- können kurze Texte verfassen.

Kapitelauftaktseite

Im Sitzkreis erzählen die Kinder, was sie besonders mögen, welche Hobbys sie haben, womit sie am liebsten spielen, was sie in ihrer Freizeit tun. Die Fotos der Kapitelauftaktseiten verweisen auf unterschiedliche Aspekte: Sport, Haustiere, Freundschaften, Spiele, Bücher, Musik, Lieblingsspeisen. Das Spektrum ist so weit gefasst, dass alle Kinder die Möglichkeit haben, etwas zu dem Thema zu sagen.

Ggf. könnten die Kinder Fotos, Poster oder Zeitungsausschnitte zu dem Thema „Ich mag" mitbringen. Diese werden an der Pinnwand ausgestellt oder wie im Buch angedeutet mit Wäscheklammern an eine Schnur festgeklemmt.

Fächerübergreifende Anregungen

Es bietet sich an, das Thema „Haustiere" im Sachunterricht zu besprechen. Im Kunstunterricht kann ein Abc-Zoo hergestellt werden, wobei jeweils nur der Anfangsbuchstabe eines Tieres als Tierkörper dargestellt wird.

Lernziele – Seite 6

Die Kinder
- lernen Vorstellungen über das Schulleben im 2. Schuljahr kennen,
- verbalisieren und vergleichen eigene Vorstellungen und Wünsche,
- wiederholen und erweitern Gesprächsregeln und wenden sie an,
- stellen eigene Regeln für das Leben in der Klassengemeinschaft auf,
- gestalten gemeinsam ein Plakat.

Lernziele – Seite 7

Die Kinder
- lesen Kindertexte,
- erkennen in den Texten Wünsche der Kinder für das 2. Schuljahr und schreiben sie auf,
- lernen die Leitfigur – das Wiesel Piri – kennen.

Lernwörter

- spielen, lesen, rechnen, lernen, wollen – will

Hinweise und Anregungen zur Unterrichtsgestaltung

Seite 6
Methodische Umsetzung

Im Erzählkreis werden die Kinder aufgefordert, Wünsche, Erwartungen und Ängste hinsichtlich des 2. Schuljahres zu nennen. Das Kind, das gerade spricht, hat einen Erzählstein, ein kleines Stofftier oder einen weichen Ball in der Hand, das bzw. den es jeweils an ein Kind weitergibt, sobald es seinen Wunsch geäußert hat. Die Kinderäußerungen im Buch werden gelesen und mit den eigenen Wünschen verglichen. In diesem Zusammenhang kann erarbeitet werden, welche Wünsche man selbst beeinflussen kann. Anschließend werden die im Buch aufgeführten Gesprächsregeln gelesen und ggf. ergänzt. Die Kinder nennen weitere Regeln für das Zusammenleben in der Klasse. Die Kinder müssen dabei die Notwendigkeit der aufgestellten Regeln begreifen.

Alternativen und Differenzierungen

Die Regeln für das Zusammenleben in der Klasse werden in Gruppen aufgeschrieben oder gemalt und zu einem Poster bzw. Plakat zusammengestellt. Anschließend kann jedes Kind mit seiner Unterschrift (oder einem Handabdruck mit Wasserfarbe) bestätigen, dass er mit diesen Regeln einverstanden ist. Die Regeln sollten so festgehalten werden, dass die Möglichkeit besteht, diese im Laufe des Schuljahres zu erweitern.

Seite 7
Methodische Umsetzung

Neben den Kindern „Anna" und „Tom" stellt sich auf dieser Seite auch die Leitfigur „Piri, das Wiesel" vor. An dieser Stelle könnte geklärt werden, dass Wiesel zu den Mardern gehören. Einige Kinder kennen bestimmt Geschichten von Mardern, die Autokabel angenagt oder sich auf dem Dachboden ihres Hauses eingenistet haben. Den Kinder werden Fotos oder Zeichnungen von Wieseln gezeigt. Es kann auch auf die Redewendung „Flink wie ein Wiesel" eingegangen werden. Die Aufgabe der Leitfigur wird kurz skizziert, bevor auf die Kindertexte des Buches eingegangen wird. Das Lied zur Leitfigur (siehe Kopiervorlage) kann erlernt werden. Die Texte dieser Seite beginnen mit einer einführenden Vorstellung des jeweiligen Kindes. Die Aufgabe 1 bezieht sich nur auf die Wünsche dieser Kinder. Die Kinder lesen sinnerfassend und schreiben das Erfragte unter Berücksichtigung der Lernwörter heraus.

Anhand des Textes „Anna" kann die Aufgabenstellung zunächst gemeinsam an der Tafel veranschaulicht werden.

Alternativen und Differenzierungen

Die Kinder formulieren anschließend ihre eigenen Wünsche schriftlich. Dabei können diese auf bunte Karten geschrieben werden.
Die Kinder können ihre Wünsche auch malen.
In der Klasse könnte eine Wunschkiste aufgestellt werden (beklebter oder bemalter Karton). In diese können die Kinder während des ganzen Schuljahres Zettel mit ihren Wünschen einwerfen. Regelmäßig wird die Wunschkiste mit den Kindern geleert und die Wünsche vorgelesen.

Bezüge zum Leseteil

Auf der Buchseite 20 können die Gedichte „Das wünsch' ich mir" von Rolf Krenzer und „Wen du brauchst" von Regine Schwarz zur Weiterarbeit eingesetzt werden.

Fächerübergreifende Anregungen

Im Rahmen des Mathematikunterrichtes bietet es sich an, ein Blockdiagramm zu Wünschen, Erwartungen oder Freizeitbeschäftigungen der Kinder zusammenzustellen.
Jedes Kind erhält dazu einen kleinen Zettel, auf den es seinen Vornamen schreibt.

Fußball spielen:	Tino	Kai	Nick	Lisa
Flöte spielen:	Paul	Nina		
Bücher lesen:	Anna	Lena	Lars	
Lieder lernen:	Kübra	Aaron	Mona	Till

Kopiervorlage 1   Seite 21
Kopiervorlage 2   Seite 22

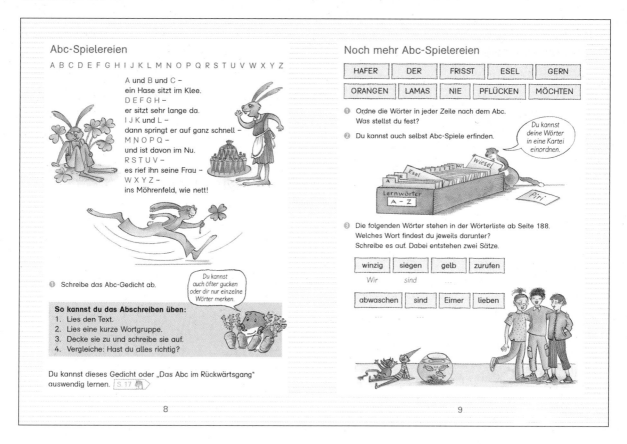

Lernziele – Seite 8

Die Kinder

- erlesen ein Abc-Gedicht,
- lernen Abschreibregeln kennen und wenden sie an,
- schreiben ein Abc-Gedicht ab,
- festigen das Alphabet.

Lernziele – Seite 9

Die Kinder

- ordnen Wörter mit unterschiedlichen Anfangsbuchstaben alphabetisch,
- bilden Sätze, bei denen die Wörter jeweils mit alphabetisch aufeinanderfolgenden Buchstaben beginnen,
- schlagen Wörter in der Wörterliste nach und schreiben zur Kontrolle die nachfolgenden Wörter auf.

Hinweise und Anregungen zur Unterrichtsgestaltung

Seite 8
Methodische Umsetzung

Die Lehrerin liest das Abc-Gedicht vor. Die Kinder äußern sich zum Inhalt und zu den Reimen. Beim Gedichtvortrag kann die Lehrerin jeweils das letzte Wort in der zweiten Zeile weglassen. Die Kinder werden durch das Ergänzen zum Reimen angeregt. Es kann darauf verwiesen werden, dass es Buchstaben gibt, bei denen Klang und Namen Unterschiede aufweisen. (Selbstlaute/Vokale, siehe Kapitel 2).

Bevor der Text abgeschrieben wird, muss geklärt werden, dass die äußere Form des Gedichtes wichtig ist. Immer, wenn im Buch eine neue Zeile beginnt, muss man auch beim Abschreiben eine neue Zeile beginnen. Das darin enthaltene Abc kann farbig markiert werden.

Die Abschreibregel und die Hinweise der Leitfigur (Piri) lassen eine Differenzierung zu. Jedes Kind muss individuell entscheiden, wie viele Wörter es sich merken kann. Wichtig ist, dass es sich zumindest einzelne Wörter merkt und sofort schreibt. Die Texte sollen nicht „abgemalt" werden.

Alternativen und Differenzierungen

Die Kinder können ein Abc-Unsinngedicht herstellen, indem ein Kind einen ABC-Streifen erhält und dazu einen Satz reimt. Das nächste Kind reimt zu DEFGH usw. Zum Schluss werden alle Streifen zusammengeklebt.

Literaturtipp

„Wer kennt das ganze Alphabet?"
Leseheft für das 1./2. Schuljahr, Klett-Verlag

....

Arbeitsheft   Seite 2

....

Seite 9
Methodische Umsetzung

Die Kinder sitzen im Kreis. Auf dem Boden liegen einzelne große Wortkarten mit den Wörtern:

Die Wortkarten werden von den Kindern alphabetisch geordnet. Sie stellen fest, dass ein sinnvoller Satz entsteht. Anschließend wird geklärt, welche Wörter großgeschrieben werden. Die Wortkarten werden umgedreht, hier stehen die Wörter in der richtigen Form:

Omas Papagei quasselt richtige Sätze.

Ggf. wird der Satz an die Tafel geschrieben. Nun ordnen die Kinder selbstständig die vorgegebenen Wörter aus dem Sprachbuch nach dem Abc.

Diese ergeben folgende Sätze:

Der Esel frisst gern Hafer.
Lamas möchten nie Orangen pflücken.

Lernschwache Kinder erhalten einen Satz in Form von kleinen Wortkarten, sodass sie den Satz legen können.

Es ergibt sich an dieser Stelle die Möglichkeit, eine Lernwörterkartei anzulegen. Man sollte dann allerdings sicher sein, dass man diese Arbeitsform auch über das ganze Schuljahr hinweg weiterführt und nutzt.

In Aufgabe 3 werden die angegebenen Wörter in der Wörterliste nachgeschlagen. Durch das Aufschreiben des nachfolgenden Wortes können die Kinder kontrollieren, ob sie das richtige Wort gefunden haben.

Es ergeben sich folgende Lösungssätze:

Wir sind gern zusammen.
Alle singen ein Lied.

Bezüge zum Lese- und Übungsteil

Auf der Buchseite 24 sind unter „Das Abc" und „Arbeit mit der Wörterliste" Übungen zum Alphabet enthalten. Das Lösungswort aus Nummer 1 lautet: *richtig*. Bei Nummer 4 gibt es mehrere Möglichkeiten, da nicht festgelegt ist, welche Tiere im Zirkus auftreten.

Im Leseteil auf Seite 17 sind entsprechende Texte wie „Anja ärgert sich" von Sabine Trautmann und das Gedicht „Das Abc im Rückwärtsgang" von Josef Guggenmos zu finden.

....

Arbeitsheft   Seite 3

....

Kopiervorlage 3   Seite 23
Kopiervorlage 4   Seite 24
Kopiervorlage 5   Seite 25

....

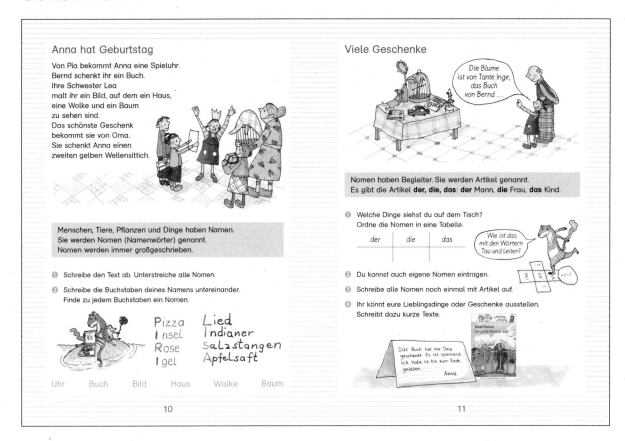

Lernziele – Seite 10

Die Kinder

- lernen die Wortart Nomen kennen,
- erfassen die Großschreibung von Nomen,
- können konkreten Dingen Nomen zuordnen,
- können einen Text sinnerfassend lesen und darin Nomen erkennen,
- wenden die Technik des Unterstreichens zur Hervorhebung (von Nomen) aus einem Text an,
- bilden Nomen zu vorgegebenen Anfangsbuchstaben.

Lernwörter

- Uhr, Buch, Bild, Haus, Wolke, Baum

Lernziele – Seite 11

Die Kinder

- lernen, dass Nomen Begleiter haben, die Artikel genannt werden,
- können Nomen den bestimmten Artikel in einer Tabelle zuordnen,
- können Nomen mit bestimmten Artikeln richtig niederschreiben,
- erkennen, dass es Nomen gibt, die verschiedene Bedeutungen und damit verbunden auch verschiedene Artikel haben (Teekessel).

Hinweise und Anregungen zur Unterrichtsgestaltung

Seite 10
Methodische Umsetzung

Ein Geburtstag in der Klasse könnte Anlass zu einem Gespräch über Geburtstagsgeschenke sein. Die Kinder nennen Dinge, über die sie sich besonders freuen würden. Es kann auch darauf eingegangen werden, dass der Preis der Geschenke nicht ausschlaggebend sein darf. Ideen für Geschenke, die kein oder wenig Geld kosten, werden gesammelt. Die Kinder lesen den Text im Buch. Anschließend wird der Merksatz gelesen und gemeinsam herausgearbeitet, welche Wörter Nomen sind. Dann schreiben die Kinder den Text in das Heft und heben alle Nomen hervor. In Aufgabe 2 werden eine Vielfalt an Nomen zu jedem Buchstaben des eigenen Namens gesucht. Um die richtige Schreibung von Wörtern aus dem Grundwortschatz zu sichern, sollte auf die Wörterliste verwiesen werden.

Alternativen und Differenzierungen

Die Kinder schreiben die entsprechenden Nomen auf vorbereitete Karten und malen passende Bilder dazu.
Diese können Verwendung für die Wörterkartei (siehe Seite 9) finden.
Die Kinder können Nomen zu einem vorher festgelegten Oberbegriff (z. B. Tiere) sammeln und diese zur Wiederholung nach dem Alphabet ordnen.

....

Arbeitsheft   Seite 4

....

Seite 11
Methodische Umsetzung

Ein Geburtstagskind und/oder auch die Lehrerin bringen Dinge mit, die sie besonders mögen. Es wird erzählt, von wem man die Sache erhalten bzw. wo man sie gekauft hat. Die Nomen werden ohne Artikel auf Kärtchen geschrieben und zu den Dingen gestellt.
Den im Buch abgebildeten Dingen werden nun mit Hilfe der Wörterliste Nomen ohne Artikel zugeordnet und auf weitere Kärtchen geschrieben.
Mit Einführung des Merksatzes werden die Kinder auf die Bedeutung des Artikels hingewie-

sen, sofern sie nicht selbst erfassen, dass Nomen Begleiter haben.
Rückführend kann nun noch einmal die Sprechblase von Anna betrachtet werden. Es wird den Kindern auffallen, dass auch Anna (unbewusst) Begleiter verwendet hat: die Blume, das Buch... Gemeinsam werden auf den Kärtchen die Artikel ergänzt.
Das Anlegen einer Tabelle mit drei Spalten ist für Kinder dieser Altersstufe recht schwierig. Es ist daher sinnvoll, die DIN A4-Bögen vorzubereiten.
Die Kinder erkennen durch den Hinweis von Piri, dass einige Nomen verschiedene Artikel haben können und somit ihre Bedeutung verändern. Die Kinder können angeregt werden, weitere dieser Teekesselwörter zu finden.

Alternativen und Differenzierungen

Es kann eine eigene Ausstellung „Unsere Lieblingsgeschenke" zusammengestellt werden. Die mitgebrachten Dinge sollten mit den passenden Nomen versehen sein. Diese werden dann alphabetisch geordnet. So entsteht ein Ausstellungsverzeichnis. Zu den Lieblingssachen der Kinder werden kleine Texte verfasst (Beispiel im Buch).
Die Kinder können auch eine Artikel-Nomen-Kette bilden. Das erste Kind nennt einen Artikel, z. B. „der". Das nächste ergänzt z. B. „Hund" und nennt einen weiteren Artikel, z. B. „das" usw. Wer kein Wort nennt, scheidet aus.

Bezüge zum Übungsteil

Auf Seite 25 sind Übungen zu „Artikel und Nomen" in den Aufgaben 1, 2, 3 aufgeführt.

Fächerübergreifende Anregungen

Es bietet sich das gemeinsame Gestalten eines Geburtstagskalenders für die Klasse an. An einer Leine hängen Monatsblätter mit Bild und Datum der jeweiligen Geburtstagskinder. Evtl. können Wünsche, die nichts kosten wie z. B. Hausaufgabenhilfe ergänzt werden.

....

Arbeitsheft   Seite 4

....

Kopiervorlage 6   Seite 26

....

Eine Katze für Timo

„Meine Katze hat vier Junge bekommen", sagt Anja eines Tages zu Timo.
„Willst du nicht eine Katze haben?"
Timo wünscht sich schon lange eine Katze.

Am Nachmittag besucht er Anja.
Die kleinen Katzen kuscheln sich an ihre Mutter.
Timo ist ganz aufgeregt.
Er zeigt auf ein graues Katzenkind und ruft: „Am liebsten möchte ich **die** Katze haben."

❶ Kannst du erklären, warum es manchmal **die Katze** und manchmal **eine Katze** heißt?

> Nomen können bestimmte und unbestimmte Artikel (Begleiter) haben. Bestimmte Artikel sind **der**, **die** und **das**; unbestimmte Artikel sind **ein** und **eine**.

Zu Hause erzählt Timo seiner Mutti:
„Anjas Katze hat vier Junge bekommen.
Sie würde mir ___ Katze schenken.
Ich habe mir ___ kleinen Katzen angeschaut.
Drei Katzen sind rot und eine ist grau.
Ich möchte ___ graue Katze haben."

Heißt es nun eine oder die?

❷ Schreibe mit Artikeln ab, was Timo erzählt.

Katze   klein   grau   haben – hat   schenken

12

Noch mehr Tiere

Monas Lieblingstier ist ein Elefant .
Sie gibt ihm jeden Tag Futter.
Manchmal schlingt er seinen Rüssel um sie und hebt sie auf seinen Rücken.
Das ist sehr hoch, aber Mona mag es trotzdem.

❶ Wo könnte Mona leben?

❷ Schreibe die Nomen aus dem Text ab. Male die Anfangsbuchstaben farbig nach.

❸ Zeigt Bilder von euren Lieblingstieren und erzählt dazu.

❹ Schreibe auf, was du über dein Lieblingstier weißt. S. 23

Ich finde Pinguine niedlich. Sie können auf dem Bauch über das Eis rutschen.
Jörg

Mein Lieblingstier ist mein Hund. Hunde sind gehorsam. Mit Hunden kann man kuscheln. Sie sind süß.
Lisa

13

Lernziele – Seite 12

Die Kinder
- können den Text sinnerfassend lesen,
- treffen Aussagen über den Text,
- lernen die Bedeutung von unbestimmten Artikeln kennen,
- unterscheiden bestimmte und unbestimmte Artikel und wenden dies an,
- festigen die Abschreibtechnik.

Lernwörter

- Katze, klein, grau, haben – hat, sind, schenken

Lernziele – Seite 13

Die Kinder
- mutmaßen aus einem Text, wo ein Kind leben könnte,
- haben Gelegenheit über Text und Bild frei zu sprechen,
- erfassen Nomen im Text,
- wenden die Technik des Hervorhebens durch farbiges Markieren der Anfangsbuchstaben bei Nomen an,
- erzählen und schreiben über ein Lieblingstier,
- schlagen im Leselexikon nach.

Hinweise und Anregungen zur Unterrichtsgestaltung

Seite 12
Methodische Umsetzung

In einem Unterrichtsgespräch schildern die Kinder ihre Erlebnisse mit Tieren oder sprechen über den Wunsch, ein eigenes Tier zu haben. Anschließend wird der Text „Eine Katze für Timo" erlesen und inhaltlich besprochen. Der Text führt auf die Unterscheidung „bestimmte" und „unbestimmte Artikel" hin. Im Anschluss an das auf den Inhalt bezogene Gespräch wird die Frage 1 diskutiert. Die Kinder formulieren selbst, wann man unbestimmte Artikel verwenden sollte. Daran wird die Erkenntnis der Kinder mittels Merksatz noch einmal gefestigt. Beim Bearbeiten des Lückentextes unterscheiden die Kinder selbstständig, ob der bestimmte oder unbestimmte Artikel eingesetzt wird.

Alternativen und Differenzierungen

Die im Lückentext enthaltenen Übungswörter können farbig hervorgehoben werden.

Die Lehrerin fordert die Kinder auf, für die nächste Unterrichtsstunde ein Bild von ihren Lieblingstieren mitzubringen.

Bezüge zum Lese- und Übungsteil

Im Leseteil Seite 23 nehmen die Texte „Die Katze aus dem Tierheim" und „Tadellos sauber" Bezug auf das Thema.

Auf der Buchseite 25 kann zu Artikeln und Nomen geübt werden.

....

Arbeitsheft   Seiten 5/6

....

Seite 13
Methodische Umsetzung

Ausgehend vom Text und der ersten Frage kann je nach Reaktion der Kinder das Thema „Zoo", „Zirkus" oder „Kinder in anderen Ländern" besprochen werden.

Es hat sich gezeigt, dass die Kinder durchaus wissen, in welchen Ländern es Elefanten gibt. In diesem Zusammenhang kann den Kindern erklärt werden, dass es sehr viel einfacher ist, asiatische Elefanten zu „zähmen" und als „Nutztiere" einzusetzen. Afrikanische Elefanten leben meist in der Wildnis.

Erstmals wird hier eine Verweis zum Leselexikon mit dem Begriff „Elefant" gegeben und die Kinder werden darin eingeführt.

Die Nomen im Text werden aufgeschrieben. Um die Großschreibung hervorzuheben, wird der Anfangsbuchstabe farbig markiert.

Nachdem die Kinder über ihre Lieblingstiere gesprochen und ihre Bilder gezeigt haben, schreiben sie zu ihrem Tier einen kurzen Text. Bei Erprobung der Seite zeigte sich, dass die Kinder nicht nur Haustiere nannten. Besonders beliebt bei Jungen waren Raubkatzen.

Nach Korrektur der Schülertexte werden diese in Umrisse der entsprechenden Tiere geschrieben. Diese Umrisse können die Kinder selbst zeichnen oder sie werden von der Lehrerin vorgegeben. Einige Umrissschablonen bietet dieser Lehrerband an. Die Tierumrisse werden ausgeschnitten, bemalt oder auf farbigen Fotokarton geklebt. Dann werden die kurzen Texte verfasst und fehlerfrei aufgeschrieben. Die Schülerergebnisse werden in der Klasse ausgehängt.

Alternativen und Differenzierungen

Die Kinder bringen Bilder, Poster und Kinderbücher über Tiere mit. Gemeinsam stellen die Kinder ein Buch oder ein Plakat über ihre Lieblingstiere zusammen.

Bezüge zum Lese- und Übungsteil

Das Lesestück „Lieblingstiere" auf Buchseite 23 kann gelesen werden.

Übungen zum Bilden von Sätzen und ein Diktat über Haustiere sind auf Seite 26 zu finden.

Fächerübergreifende Anregungen

Die Kinder informieren sich in Kinderlexika, Sachbüchern und Kinderzeitschriften über ihre Lieblingstiere. Darüber hinaus können die Texte, die die Kinder geschrieben haben, in Haus-, Nutz- und Wildtiere eingeteilt werden, sodass dieses Thema im Sachunterricht weiter vertieft werden kann.

Außerdem kann eine Tierkartei angelegt werden, die nach dem Abc geordnet wird. Dabei können die Informationen der „Experten" (Besitzer der Tiere) einfließen.

....

Kopiervorlage 7   Seite 27

....

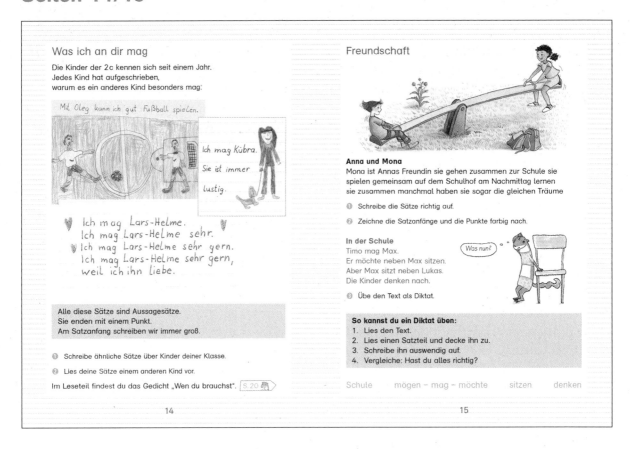

Lernziele – Seite 14

Die Kinder
- können den Text sinnerfassend lesen,
- erkennen den Satz als Sinneinheit,
- erfassen die Merkmale von Aussagesätzen,
- kennen die Großschreibung am Satzanfang,
- setzen „Punkt" als Satzschlusszeichen,
- wenden Kenntnisse über Aussagesätze beim Schreiben von Sätzen über andere Kinder an.

Lernziele – Seite 15

Die Kinder
- untergliedern einen Text in einzelne Sätze und schreiben sie richtig auf,
- erkennen Satzanfänge und Satzschlusszeichen und wenden die Technik des Hervorhebens an,
- lernen Diktatform „Eigendiktat" kennen,
- setzen sich mit der Problemstellung im Diktattext auseinander und üben diesen,
- verbessern durch die Beschäftigung mit der Thematik „Freundschaft" ihre soziale Kompetenz.

Lernwörter

- Schule, mögen – mag – möchte, sitzen, denken

Hinweise und Anregungen zur Unterrichtsgestaltung

Seite 14

Methodische Umsetzung

Die Lehrerin heftet eigene Sätze über die Kinder ihrer Klasse an. Die Formulierungen ähneln denen des Buches. Gemeinsam wird über die Äußerungen gesprochen. Die Sätze von den Kindern über andere Kinder ergänzen dann das Tafelbild.

Die Kinder sollten erkennen, dass die Äußerungen über andere diese nicht verletzen dürfen. Außerdem erfassen sie, dass etwas über andere Kinder ausgesagt wird. Dabei erfolgt die Überleitung zum Merksatz. Alle Sätze werden anhand des Merksatzes noch einmal auf Großschreibung am Satzanfang und den „Punkt" als Satzschlusszeichen überprüft.

Ausgehend von den Kindertexten im Buch und den Tafeltexten verfassen die Kinder eigene Texte zu Mitschülern und Mitschülerinnen.

Lernschwächere Kinder übernehmen die Formulierungen an der Tafel oder im Buch und ersetzen nur die Namen.

Die Texte sollen schön ausgestaltet werden. Auch hierfür geben die Illustrationen im Buch Anregungen.

Alternativen und Differenzierungen

Möglich wäre es, Geburtstagsbücher zu verschenken: In ein gefaltetes Minibuch schreibt jedes Kind einen Satz über das Geburtstagskind oder malt ein Minibild.

Von den Kindern kann aufgeschrieben werden, was sie an ihren Freunden besonders schätzen. Die Kinder könnten dann in Form eines Rätsels die entsprechenden Namen erraten.

Bezüge zum Leseteil

Auf der Buchseite 20 kann das Gedicht von Regina Schwarz „Wen du brauchst" zur Weiterarbeit eingesetzt werden.

....

Arbeitsheft   Seite 7
....

Seite 15

Methodische Umsetzung

Die Kinder werden im Sitzkreis angehalten, über ihre beste Freundin/ihren besten Freund zu sprechen. Es kann ein Schild „Mein Freund"

als stummer Impuls eingesetzt werden. Dazu hat die Lehrerin einen „Bandwurmtext" vorbereitet. Die Kinder schneiden die einzelnen Sätze auseinander, setzen die Punkte und verbessern die Satzanfänge. Dann wird im Buch gemeinsam der Text über Anna und Mona gelesen. Durch Lesepausen können die Satzgrenzen verdeutlicht werden. Anschließend wird der Text richtig ins Heft geschrieben und die Merkmale des Satzes farbig hervorgehoben. Der Diktattext „In der Schule" spricht inhaltlich ein Problem an, das häufig in der Klasse auftritt. Damit dient der Text zunächst als Impuls für ein Unterrichtsgespräch.

Elemente der Abschreibtechnik werden in der blau unterlegten Anleitung zum Üben eines Diktates aufgegriffen und wiederholt.

Alternativen und Differenzierungen

Um das Abschreiben zu üben, ist es möglich ein „Klappheft" anzulegen. Eine Folientasche wird halbiert und über den vorderen Umschlag eines Schreibheftes geschoben. (Die Hülle muss ggf. mit Tesafilm fixiert werden.) Durch die offene Kante können nun die Abschreibtexte geschoben werden. Wenn das Heft aufgeschlagen ist, sehen die Kinder die Texte nicht.

Die Plastikfolie bietet die Möglichkeit, Textstellen, die die Kinder schwierig finden, vorher individuell mit Folienstiften zu markieren.

Eine weitere Möglichkeit zeigt die Kopiervorlage 9. Der Text wird eingeprägt und dann umgeklappt. Das Kind schreibt nun auswendig auf. Die Korrektur erfolgt dann, wenn erforderlich, in der mittleren Spalte.

Man kann das Abschreiben auch in Form eines Dosen- oder Schleichdiktates üben. Für das Dosendiktat können die Texte auf den Kopiervorlagen zerschnitten werden.

Bezüge zum Übungsteil

Auf den Buchseiten 25 und 26 sind weitere Diktattexte zu finden. Vielfältige Übungen zum „Bilden von Sätzen" bietet die Seite 26.

....

Arbeitsheft   Seite 7
....

Kopiervorlage 8   Seite 28
Kopiervorlage 9   Seite 29
....

Leseseiten

„Zungenbrecher" S. 16

Im ersten Zungenbrecher wiederholen sich die ersten Wörter in jeder Zeile. Gleichzeitig werden die Zeilen immer länger, sodass die Kinder die Möglichkeit haben, jeweils die ersten Wörter ganzheitlich zu erfassen. Man kann die Zeile abdecken und die Kinder mutmaßen lassen, wie der Zungenbrecher weiter geht.

„Lauter Unsinn"

Wie bei den Zungenbrechern beginnen alle Wörter der Sätze mit dem gleichen Buchstaben. Die Kinder werden aufgefordert, sich ähnliche Zungenbrecher oder Unsinnsätze auszudenken. Die Wörterliste kann dabei hilfreich sein.

„Anja ärgert sich" S. 17

Der Text handelt von einem Mädchen, das sich darüber ärgert, dass es aufgrund seines Nachnamens immer zuletzt an die Reihe kommt. Im Anschluss an das Lesen kann die Frage beantwortet werden, welche Ideen Anja hat und warum. In der Klasse können sich die Kinder nach Vor- und Nachnamen geordnet aufstellen. Die veränderte Reihenfolge kann so gut verglichen werden. Sinnerfassende Leseübungen zum Text sind auf der Seite 27 unter „Anja ärgert sich" zu finden.

„Das Abc im Rückwärtsgang"

Dieses Gedicht von Guggenmos eignet sich in erster Linie zum Vorlesen und Wiederholen des Abc. Das Auswendigsprechen ist für Zweitklässler recht schwierig.

„Sabine" S. 18/19

Sabine spricht über ihre körperlichen, aber nicht über ihre seelischen Bedürfnisse. Vielleicht erkennen sich einige Kinder in Sabine wieder. Der Text soll ihnen helfen, Gefühle zu verbalisieren. Die Kinder sollen sich untereinander Möglichkeiten aufzeigen, wie man auf andere zugeht, wenn diese traurig, ängstlich oder auch böse sind.

Gemeinsam kann man mit den Kindern darüber sprechen, wo man sich Hilfe holen kann, wenn es einem schlecht geht.

....

Kopiervorlage 10 Seite 30

....

„Jakob ist traurig"/„Jakob ist froh"

Beide Texte regen dazu an, darüber nachzudenken und zu sprechen, dass es meist kleine Dinge sind, die jemanden traurig oder froh stimmen. Die Kinder schreiben oder malen auf, wann oder warum sie traurig oder froh sind.

„Das wünsch' ..."/„Wen du ..." S. 20

Beide Gedichte handeln vom Miteinander. Sie lassen sich gut auswendig lernen. Im Text geht es vorrangig um ideelle Wünsche. Eigene kurze Texte können dazu entstehen und auf Luftballons oder auf Schmuckblätter geschrieben werden. Die Kinder können aber auch ein Gedicht abschreiben.

„Sofie hat einen neuen Pullover" S. 21

Der Text greift eine alltägliche Situation auf: Man hat etwas Neues und möchte, dass andere es sehen, aber keiner sagt etwas. Man nimmt dann an, das Kleidungsstück gefällt den anderen nicht. Das Gespräch sollte so geführt werden, dass die Kinder erkennen, selbst schon öfter in der Rolle der Sofie gewesen zu sein. Die ersten beiden Fragen beziehen sich auf das inhaltliche Erfassen des Textes. Die dritte Frage wirft auch das heutige Problem des Modezwanges auf. Das Gespräch zwischen Sofie und ihrer Mutter kann in Rollen gelesen werden.

Eine sinnerfassende Leseübung ist auf Seite 27 unter „Sofie hat einen neuen Pullover" zu finden.

„Weißt du eigentlich, wie lieb ..." S. 22

Das Bilderbuch sollte in der Klasse vorgestellt werden. Da es auch als Minibuch erhältlich ist, wäre eine Anschaffung nicht allzu teuer. Der Textausschnitt wird mit verteilten Rollen gelesen.

„Lieblingstiere" S. 23

Der Text regt zum Nachdenken darüber an, welche Tiere man gemeinsam halten könnte und welche warum nicht.

„Die Katze ..."/„Tadellos sauber"

Die Kinder sollten darauf hingewiesen werden, dass man sich zuerst über das anzuschaffende Tier informieren muss, bevor man sich dafür entscheidet. Informationsquellen bilden vor allem Sachbücher.

Unser Piri-Lied

Text: Sabine Trautmann
Melodie: Marcus Laube

1. Pi – ri heißt das klei – ne Tier, ist ein Wie – sel, frech wie wir!

Pi – ri hat ein wei-ches Fell und kann ren – nen su – per-schnell.

Refrain

Pi – ri hat uns viel zu sa – gen, stellt uns je – de Men – ge Fra – gen.

Und wir müs-sen ü – ber – le – gen, wel – che Ant-wort wir ihm ge – ben.

2. Piri macht beim Schreiben Mut,
   hilft uns weiter – das ist gut!
   Piri mögen alle sehr
   und wir lernen mit ihm mehr.

Refrain:
Piri hat uns viel zu sagen,
stellt uns jede Menge Fragen.
Und wir müssen überlegen,
welche Antwort wir ihm geben.

Piri als Lesezeichen

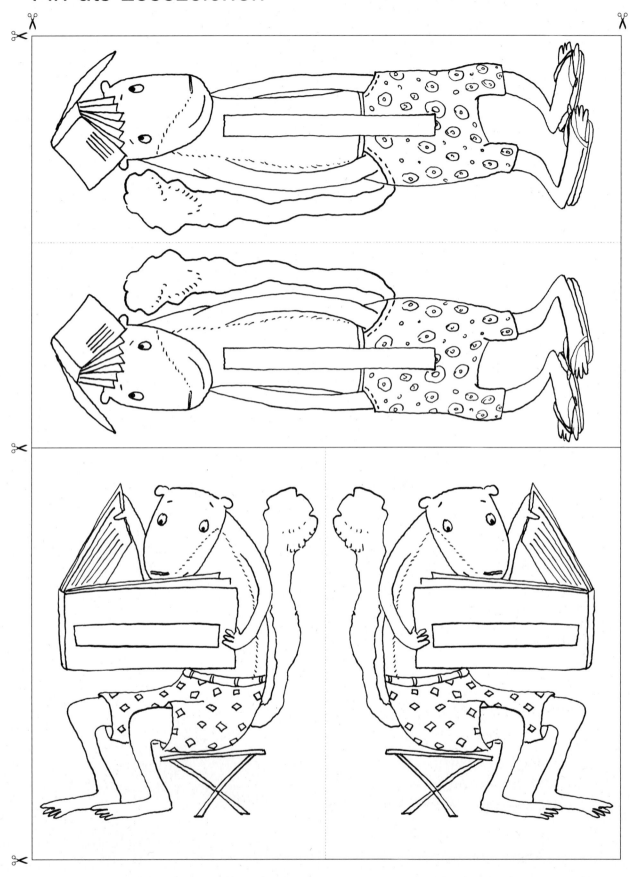

1 Fertige dir ein Piri-Lesezeichen an.
Du kannst es für dein Arbeitsheft nutzen.

Mein Telefonbuch

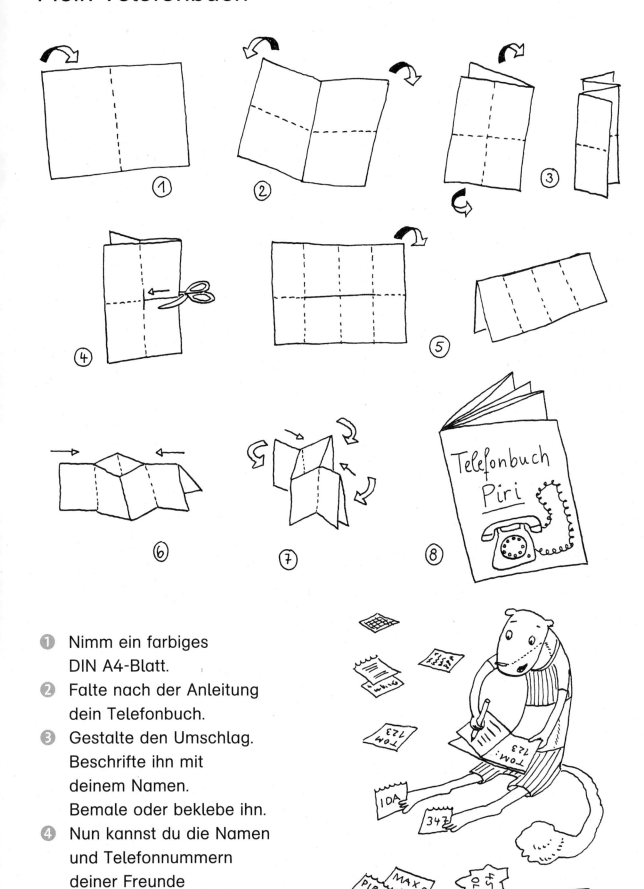

1. Nimm ein farbiges DIN A4-Blatt.
2. Falte nach der Anleitung dein Telefonbuch.
3. Gestalte den Umschlag. Beschrifte ihn mit deinem Namen. Bemale oder beklebe ihn.
4. Nun kannst du die Namen und Telefonnummern deiner Freunde nach dem Abc geordnet eintragen.

Tier-Domino (Blatt 1)

D	H	L	P
Chamäleon	Giraffe	Känguru	Orang-Utan
C	G	K	O
Biene	Fisch	Jaguar	Nilpferd
B	F	J	N
Ameise	Esel	Igel	Maus
A	E	I	M
Ziege	Dinosaurier	Hamster	Lama

Tier-Domino (Blatt 2)

T	X		
Seepferd	Wiesel		
S	W		
Raupe	Vogel		
R	V	Z	
Qualle	Uhu	Yak	
Q	U	Y	
Pinguin	Tintenfisch	Xenopus (Krallenfrosch)	

Nomen und ihre Artikel

1 Welche Dinge sind hier abgebildet?

Schlage die Nomen in der Wörterliste nach.

Nomen nach Artikeln ordnen

der	die	das

2 Trage die Nomen zu den Abbildungen unter dem richtigen Artikel ein.

Lieblingstiere

Satzschlangen

Lisa mag Patris sie schaut ihn immer

an Patris möchte das eigentlich nicht

1 Schreibe die Sätze richtig auf.
2 Zeichne die Satzanfänge und die Punkte farbig nach.

✂ ···

Kim spielt Flöte sie muss viel

üben bald kann sie es besser

1 Schreibe die Sätze richtig auf.
2 Zeichne die Satzanfänge und die Punkte farbig nach.

✂ ···

Tom spielt mit Alex Fußball plötzlich

fliegt der Ball an Toms Kopf Tom

wird böse Alex tut es wirklich Leid

1 Schreibe die Sätze richtig auf.
2 Zeichne die Satzanfänge und die Punkte farbig nach.

Abschreibdiktate

Freunde

In der Schule

sitzt Timo

neben Tina.

Er mag Tina.

Timo malt ihr

ein Bild

mit einem Baum

und Wolken.

Haustiere

Lisa möchte

ein Haustier.

Oma schenkt ihr

eine kleine Katze.

Sie ist grau.

Ihre Freundin

hat einen Hund.

1 Lies immer eine Zeile. Merke sie dir. Falte das Blatt um. Schreibe auf.
2 Vergleiche und verbessere zum Schluss.

Sabine

Wenn Sabine Angst hat,
dann sagt sie:

„Ich habe Angst, weil

Wenn Sabine traurig ist,
dann sagt sie:

„Ich bin traurig, weil

Wenn Sabine böse ist,
dann sagt sie:

„Ich bin böse, weil

❶ Was könnte Sabine sagen?
    Schneide jeweils den Satz aus, den du für zutreffend hältst und
    klebe ihn auf das leere Feld.
❷ Du kannst auch eigene Sätze schreiben.

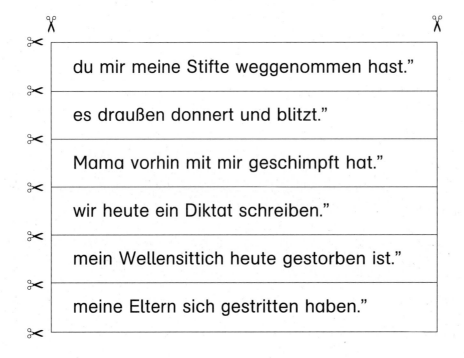

du mir meine Stifte weggenommen hast.”

es draußen donnert und blitzt.”

Mama vorhin mit mir geschimpft hat.”

wir heute ein Diktat schreiben.”

mein Wellensittich heute gestorben ist.”

meine Eltern sich gestritten haben.”

Kapitel 2 – Vom Lesen und Schreiben

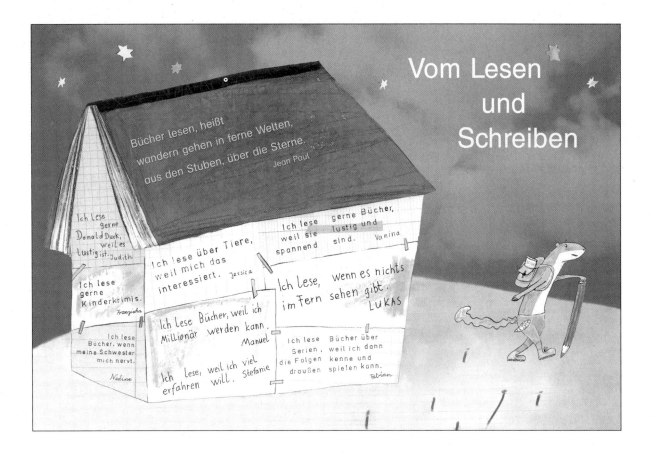

Einleitende Worte

Im Mittelpunkt des Kapitels steht das Buch. Den Kindern soll die Freude am Lesen vermittelt werden.

Darüber hinaus sollen sie auch andere Medien kennen lernen. Durch das Briefeschreiben wird das freie Schreiben angebahnt.

Lerninhalte und Ziele

Die Kinder
- lernen verschiedene Medien kennen,
- haben Gelegenheit, frei über Medien zu sprechen,
- ordnen Wörter mit dem gleichen Anfangsbuchstaben,
- erfassen die Bedeutung von Vokalen, Konsonanten und Umlauten,
- lernen die Einzahl- und Mehrzahlbildung von Nomen kennen,
- lernen die Silbentrennung kennen und wenden sie an,
- lernen einen Text auswendig,
- werden zum Lesen und Schreiben angeregt,
- können Geschichten erfinden, nachspielen und schreiben.

Kapitelauftaktseite

Im Sitzkreis werden die Kinder angeregt, zu erzählen, warum und was sie lesen. Folgender Impuls könnte gegeben werden: „Ich lese gern Bücher über Katzen, damit ich alles über mein Lieblingstier erfahre."

Anschließend wird das Gedicht von Jean Paul vorgelesen. Im Gespräch wird geklärt, was es für den Dichter heißt, Bücher zu lesen.

Die Kinder schreiben nun ihre Gedanken zum Lesen auf. Sie vergleichen die eigenen Beweggründe zum Lesen mit denen der Verfasser der im Buch abgedruckten Texte. Die Beispiele sollen als Anregung dienen.

Aus den gesammelten Texten der Kinder kann ein Plakat gestaltet werden: „Warum wir lesen".

Jean Paul, eigentlich Johann Paul Friedrich Richter wurde 1763 in Wunsiedel/Fichtelgebirge geboren. 1781 nahm er das Studium der Theologie und der Philosophie in Leipzig auf, das er aus finanziellen Gründen abbrechen musste. Er arbeitete als Hauslehrer und gründete eine Elementarschule. 1825 starb er in Bayreuth.

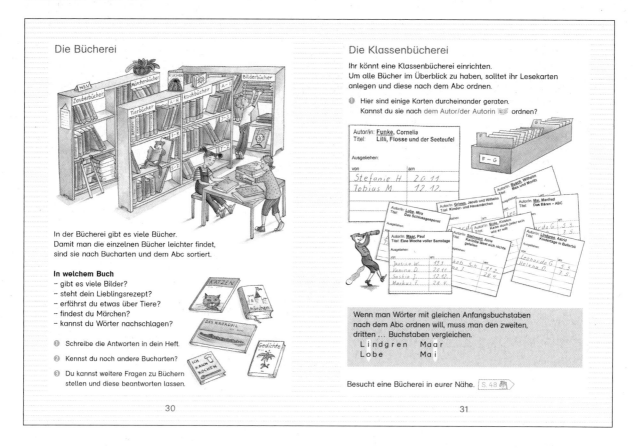

Lernziele – Seite 30

Die Kinder

- lernen verschiedene Bucharten zu unterscheiden,
- sind in der Lage, Fragen zu Büchern zu formulieren,
- nutzen das Alphabet als Ordnungsprinzip für Bücher.

Lernziele – Seite 31

Die Kinder

- lernen den Begriff „Autor" kennen,
- lernen das Ordnungsprinzip, Autorennamen nach dem Alphabet zu ordnen, kennen,
- werden angeregt, Lesekarten für die Klassenbücherei anzulegen,
- ordnen Wörter mit dem gleichen Anfangsbuchstaben nach dem zweiten und dritten Buchstaben.

Seite 30

Methodische Umsetzung

Von der Lehrerin und/oder den Kindern werden verschiedene Bucharten mitgebracht. Die Kinder sollen versuchen, die Unterschiede der einzelnen Bücher herauszufinden und diese anschließend nach Arten zu sortieren. Auf Kärtchen können nun die Oberbegriffe der Bucharten festgehalten werden z. B. Tierbücher, Märchenbücher. Damit kann im Klassenzimmer eine kleine Buchausstellung präsentiert werden. Die Kinder können während dieser Einheit die Ausstellung mit ihren eigenen Büchern erweitern.

Die Aufgaben 1 und 2 werden nun selbstständig von den Kindern erarbeitet.

Angeregt werden die Kinder durch die Abbildungen, die die Beantwortung der Fragen unterstützen.

In Form von Rätseln können die Kinder weitere Fragen zu Büchern stellen.

Alternativen und Differenzierungen

Mit den Kindern kann auch eine Unterscheidung nach

- Bilderbuch,
- Nachschlagewerk/Lexikon,
- Sachbuch,
- Schulbuch und
- Roman

erarbeitet werden.

Auch Fachbegriffe wie Buchrücken, -einband, Titel, Autor (vgl. Seite 31), Illustration (vgl. Seite 46) und Verlag können einführend besprochen werden.

Seite 31

Methodische Umsetzung

Zuerst erfolgt anhand des Leselexikons eine Begriffsklärung zu Autor/Autorin. Im Vorfeld können die Kinder erzählen, was sie sich unter einem Autor/einer Autorin und seiner/ihrer Arbeit vorstellen. Vielleicht können einige Kinder bereits ihnen bekannte Autoren/Autorinnen nennen.

Die Bücher, die im Klassenzimmer vorhanden sind, werden dann nach Autorennamen sortiert und auf Karteikarten festgehalten. Dies kann von Kindern übernommen werden, die eine sehr gut lesbare Schrift haben. Die Kopiervorlage 11 bietet hierfür eine gute Vorlage. Zur alphabetischen Ablage kann ein Kinderschuhkarton umfunktioniert werden.

Alternativen und Differenzierungen

Alternativ zur hier gezeigten Klassenbücherei könnte mit den Büchern auch eine Leseecke eingerichtet werden. Zur Einrichtung könnte man die Eltern um Mithilfe bitten, die nicht mehr gebrauchten Bücher, auch Bilderbücher, zur Verfügung zu stellen. So kann der Gebrauch mit Büchern schon im Klassenzimmer eingeübt werden.

Auf dieser Seite bietet es sich an, nochmals den Umgang mit der Wörterliste zu vertiefen. Schwerpunkt sollten dabei Wörter mit dem gleichen Wortanfang sein. Hier könnte außer dem Nachschlagen in der Wörterliste auch bereits das Nachschlagen in anderen Wörterbüchern geübt werden.

Ein Besuch einer Bibliothek könnte sich anschließen. Oftmals bieten diese Einführungsveranstaltungen an. Es kann aber auch eine Büchernacht in der Klasse/Schule organisiert und durchgeführt werden.

Die Kinder können zu einem ihm bekannten Kinderbuchautor (z.B. Lindgren, Heine, Janosch, ...) eine Ausstellung vorbereiten und durchführen.

Evtl. kann man ihm schreiben oder/und zu einer Lesung an die Schule einladen.

Bezüge zum Lese- und Übungsteil

Die Lesekarten können rückseitig mit Lesetipps beklebt werden. Gestaltungsmöglichkeiten von Lesetipps für die Klassenbücherei sind auf Seite 47 unter „Dein Lesetipp" zu finden.

Die Seiten 48/49 sollen mit dem Text „Rund um die Bibliothek" Anregung geben, einen Büchereibesuch vorzubereiten.

Übungsmöglichkeiten zu „Wörter nach dem Abc ordnen und sortieren" bietet die Seite 52.

Literaturtipp

Dimiter Inkiow/Rolf Rettich: „Das Buch erobert die Welt. Vom Schreiben und vom Büchermachen" Orell Füssli-Verlag

Kopiervorlage 11 Seite 42

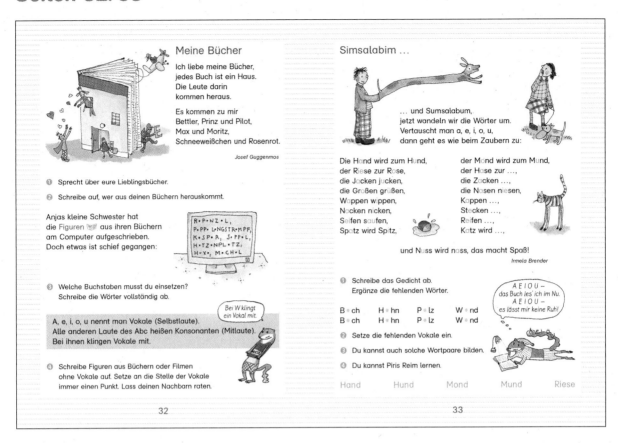

Lernziele – Seite 32

Die Kinder

- lesen sinnentnehmend ein Gedicht,
- können über Lieblingsbücher sprechen und deren Handlungsfiguren aufschreiben,
- können den Unterschied von Vokalen und Konsonanten erfassen,
- lernen die Bedeutung des Begriffs „Figur" kennen,
- erkennen, dass Wörter ohne Vokale nicht klingen,
- können Vokale in Wörter einsetzen.

Lernziele – Seite 33

Die Kinder

- lesen sinnentnehmend ein Gedicht,
- können durch Einsetzen des entsprechenden Vokals das Gedicht vervollständigen,
- finden Reimwortpaare,
- wenden die Abschreibtechnik bei einem Gedicht an,
- bilden durch Vokaltausch neue Wortpaare.

Lernwörter

- Hand, Hund, Mond, Mund, Riese

Hinweise und Anregungen zur Unterrichtsgestaltung

Seite 32
Methodische Umsetzung
Die Lehrerin trägt das Gedicht vor. Zunächst muss mit den Kindern geklärt werden, was der Autor mit „Die Leute kommen heraus" meint. Erst dann kann der Impuls, die Kinder raten zu lassen, um welche Bücher und Geschichten es sich handeln könnte, gegeben werden. Danach wird das Gedicht noch einmal in der Klasse gelesen.

Anschließend soll ein Gespräch über die Lieblingsbücher der Kinder erfolgen. Die Kinder sollen überlegen, welche Personen, Tiere etc. in ihren Büchern vorkommen.

Nun wird dafür der allgemeine Begriff „Figuren" eingeführt und im Leselexikon nachgeschlagen. Die Kinder können diesen Begriff auch mit eigenen Worten erklären.

Als kleines Rätsel könnten anschließend die Figuren von Anjas Schwester erraten werden. Die Kinder erkennen bei dieser Übung, dass Wörter ohne Vokale nicht richtig klingen. Durch selbstständiges Ausprobieren kommen sie auf die fehlenden Buchstaben. So kann man auf die Unterschiede von Vokalen und Konsonanten aufmerksam machen. Die fehlenden Vokale könnten beim Schreiben farbig markiert werden.

Alternativen und Differenzierungen
Die Kinder schreiben noch weitere Lieblingsfiguren aus Büchern auf, indem die Vokale durch Punkte ersetzt werden. Diese sollen durch die Mitschüler erraten werden.

Auf dieser Seite bietet es sich außerdem an, mit den Kindern ein Buch herzustellen. So kann mit den Kindern gemeinsam eine Geschichte/ein Märchen geschrieben werden, in der sich verschiedene Figuren treffen und entsprechend ihrer Art miteinander agieren.

Bezüge zum Lese- und Übungsteil
Empfehlenswert ist es, eine Buchvorstellung zur Autorin Cornelia Funke anhand der Seiten 44 bis 46 durchzuführen, um auch Figuren aus ihren Büchern mit einzubinden.

Die Aufgaben 1 bis 5 auf Seite 50 zu „Selbstlaute und Umlaute" sollen zur Vertiefung der Vokale dienen.

Fächerübergreifende Anregungen
In Kunst können die Kinder den Titelhelden aus ihrem Lieblingsbuch malen.

....

Arbeitsheft   Seite 8
....
Kopiervorlage 12 Seite 43
....

Seite 33
Methodische Umsetzung
Der Text des Gedichtes wird gemeinsam erlesen. Die fehlenden Wörter werden eingesetzt. Dabei stellen die Kinder fest, dass die Wortpaare hier meist entstehen, indem Vokale ausgetauscht werden. Ausnahmen: Wörter mit ie, ei, ü, au.

Beim Abschreiben des Gedichtes sollte nochmals auf die Abschreibregel von Seite 8 verwiesen werden.

Leistungsschwache oder langsame Kinder schreiben evtl. nur eine Strophe des Gedichtes ab.

Durch das Einsetzen der fehlenden Vokale in Nummer 2 erkennen die Kinder, wie immens die Bedeutungsveränderung eines Wortes sein kann.

Aufgabe 3 regt zum selbstständigen Finden von Wortpaaren wie in Aufgabe 2 an, kann aber auch mit einem Partner bearbeitet werden.

Durch Piris Reim prägen sich die Kinder alle Selbstlaute auf spielerische Weise ein.

Alternativen und Differenzierungen
Das Gedicht kann mit den Wörtern aus Aufgabe 1 auch weitergedichtet werden.

Fächerübergreifende Anregungen
Das Lied „Drei Chinesen mit dem Kontrabass" bietet sich an, auch in Musik auf die Vokalveränderung einzugehen.

....

Arbeitsheft   Seite 8
....
Kopiervorlage 12 Seite 43
....

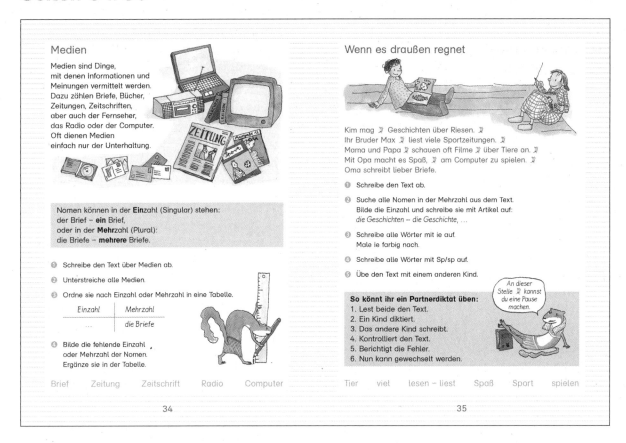

Lernziele – Seite 34

Die Kinder

- lernen verschiedene Medien kennen und unterscheiden,
- lernen die Wortart Nomen kennen,
- lernen die Einzahl- und Mehrzahlbildung von Nomen zu unterscheiden,
- können die Einzahl und die Mehrzahl von Nomen bilden,
- sind in der Lage, eine zweispaltige Tabelle anzulegen.

Lernwörter

- Brief, Zeitung, Zeitschrift, Radio, Computer

Lernziele – Seite 35

Die Kinder

- können die Einzahl von Nomen bilden,
- üben Wörter mit ie,
- üben Wörter mit Sp/sp,
- lernen die Übungsform „Partnerdiktat" kennen,
- wiederholen durch Üben des Diktates die Abschreibtechnik.

Lernwörter

- Tier, viel, lesen – liest, Spaß, Sport, spielen

Hinweise und Anregungen zur Unterrichtsgestaltung

Seite 34

Methodische Umsetzung

Die Lehrerin bringt eines oder mehrere der im Buch abgebildeten visuellen, audiovisuellen oder Audiomedien mit in die Klasse. Gemeinsam mit den Kindern werden ihre Funktionen erklärt. Durch die Abbildungen im Buch sollen die Kinder angeregt werden, über weitere Medien zu sprechen. So kann auch die Unterscheidung von Zeitung und Zeitschrift kurz herausgestellt werden. Anschließend wird der Text gemeinsam gelesen. Dabei wird darauf aufmerksam gemacht, dass manche Medien in der Einzahl, andere in der Mehrzahl beschrieben werden. Danach wird mit Einführung des Merksatzes die Unterscheidung von Einzahl und Mehrzahl bei Nomen verdeutlicht. Selbstständig wenden die Kinder ihre Kenntnisse nun in den Aufgaben 1 und 2 an. Das Anlegen einer Tabelle in Aufgabe 3 sollte mit den Kindern nochmals geübt (siehe Kapitel 1) werden. Bei zwei Spalten bietet es sich an, eine Seite in der Mitte zu falten. Piri gibt den Hinweis, mit dem Lineal zu arbeiten. Dazu müssen die Kinder angeleitet werden. Dies kann im Mathematikunterrricht geschehen.

Alternativen und Differenzierungen

Zum Thema Medien könnte auch ein Klassenplakat gestaltet werden, auf dem die Kinder beliebte Fernseh- und Radiosendungen präsentieren. Dazu sollten im Voraus Fernsehzeitungen gesammelt werden.
Der Umgang mit dem Computer könnte hier eingeführt werden.

Bezüge zum Übungsteil

Auf Seite 51 finden sich weitere Aufgaben zu „Einzahl – Mehrzahl". Hier wird nochmals das Nachschlagen in der Wörterliste geübt.

....

Arbeitsheft   Seite 8

....

Seite 35

Methodische Umsetzung

Der Impuls „Was macht ihr in eurer Freizeit, wenn es regnet?", stimmt auf diese Seite ein. Hier sollte eine Unterscheidung in Medien und Spiele erfolgen, da im Text nur von Medien ge-

sprochen wird. Der Lehrer kann die genannten Ideen auf vorbereitete Seiten schreiben, die dann nach Medien und Spielen geordnet werden. Nachdem der Text gelesen wurde, lösen die Kinder selbstständig die Aufgaben 1 bis 4. Das winzige Piri-Symbol unterstützt dabei das Abschreiben größerer Sinneinheiten. Anschließend erfolgt die Festigung der Übungswörter mit ie und Sp/sp. Der blau geschriebene Text weist die Kinder darauf hin, dass es sich um einen Diktattext handelt. Im Text sind Wörter mit den Rechtschreibphänomenen ie und Sp/sp enthalten. Mit einem Partner erarbeiten sie die Übungspunkte des blauen Kastens.

Alternativen und Differenzierungen

Ein Gespräch zu den Themen „Was mache ich in meiner Freizeit?"/„Welche Möglichkeiten zur Freizeitgestaltung gibt es in meiner Umgebung?" bietet sich an. Es kann ebenfalls als Anlass zum freien Schreiben aufgegriffen werden. Es kann eine Pinnwand gestaltet oder ein Freizeitbuch für die Klasse angelegt werden.
Auch über den Einfluss der Medien auf unsere Freizeit/unseren Tagesablauf kann in Klasse 2 bereits gesprochen werden.
Die Kinder können aus der Wortliste möglichst viele Wörter mit ie groß und deutlich auf Karten schreiben. Diese werden auf ein Plakat geklebt und im Klassenzimmer zur visuellen Unterstützung aufgehängt.

Bezüge zum Leseteil

Auf den Seiten 40/41 sind zum Medium Buch die Lesestücke „Xaveria Rotpelz, die Bücherkatze" von Erwin Moser und „Bücherduft" von Astrid Lindgren zu finden.

Fächerübergreifende Anregungen

Im Sachunterricht kann man einen Spielenachmittag mit/ohne Eltern planen und durchführen oder eine Spielstunde, zu der die Kinder u. a. auch Computerspiele mitbringen dürfen.
In Verbindung mit Kunsterziehung könnten auch einfache Spiele hergestellt werden.

....

Arbeitsheft   Seite 9/11

....

Kopiervorlage 13   Seite 44

....

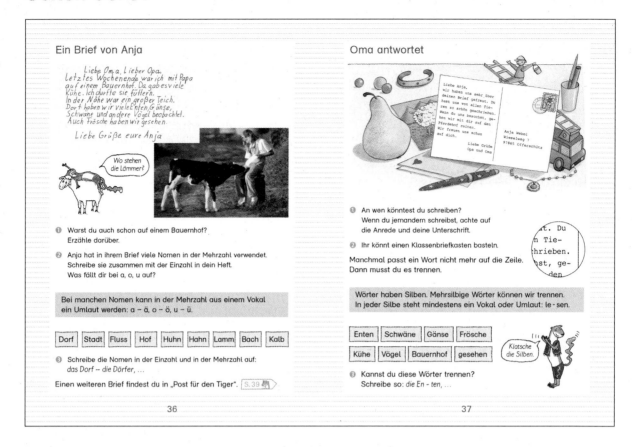

Lernziele – Seite 36

Die Kinder
- können nach Vorgaben über einen Bauernhof erzählen,
- erfassen, wie Vokale bei Mehrzahlbildung zu Umlauten werden,
- festigen die Einzahl- und Mehrzahlbildung von Nomen.

Lernziele – Seite 37

Die Kinder
- werden zum Schreiben von Briefen angeregt,
- lernen auf Anrede und Unterschrift im Brief zu achten,
- lernen, einen Briefumschlag/eine Karte richtig zu adressieren,
- wissen, was Silben sind,
- lernen eine Trennungsregel kennen und können diese anwenden.

Hinweise und Anregungen zur Unterrichtsgestaltung

Seite 36
Methodische Umsetzung

Vorbereitend zu diesem Thema können die Kinder Materialien über das Leben auf dem Land oder Fotos von einem Urlaub auf dem Bauernhof mitbringen, darüber erzählen und berichten. Das Bild im Buch soll die Kinder zu weiteren Gesprächen über den Bauernhof und seine Tiere anregen. Anschließend lesen sie Anjas Brief mit dem Auftrag herauszufinden, welche Tiere Anja auf dem Bauernhof kennengelernt hat. Nummer 2 wird gemeinsam mit den Kindern besprochen. Die Kinder erkennen dabei die Veränderung der Vokale zu Umlauten bei der Mehrzahlbildung. Somit kann zum Merksatz übergeleitet werden. Gleichzeitig wird der Begriff „Umlaut" eingeführt. Nun schreiben die Kinder die entsprechenden Nomen in der Einzahl und Mehrzahl untereinander in ihr Heft. Die Aufgabe 3 kann jetzt selbstständig erarbeitet werden.

Alternativen und Differenzierungen

Auf dieser Seite bietet es sich an, das Thema Sachbücher aufzugreifen.
Es können Tierbücher oder Texte über das Leben auf Bauernhöfen gesammelt und vorgestellt werden.

Bezüge zum Lese- und Übungsteil

Zur Weiterarbeit bietet sich auf Seite 39 das Lesestück „Post für den Tiger" von Janosch an. Auf der Seite 50 werden die Umlaute durch die Aufgaben 6 bis 10 unter „ Selbstlaute und Umlaute" noch einmal vertieft.

Fächerübergreifende Anregungen

In Kunst können Tiere auf einem Bauernhof gezeichnet werden. Eine Exkursion auf einen Bauernhof wäre anregungsreich und motivierend. Im Sachunterricht kann man die Themen „Tiere auf dem Bauernhof" oder „Umgang und Pflege von Haustieren" besprechen.
Im Musikunterricht kann das Lied „Trara, die Post ist da" gesungen werden.

....

Arbeitsheft   Seite 10

....

Seite 37
Methodische Umsetzung

Auf dieser Seite geht es um den Antwortbrief von Oma und Opa an Anja. Die Kinder sollen dadurch angeregt werden, selbst Briefe zu schreiben. Dies könnte durch das Anbringen eines Klassenbriefkastens verstärkt werden.
Tipps für den Briefkasten:
1. Einen Schuhkarton bekleben und in den Deckel einen Schlitz schneiden. Die Kinder werfen ihre Briefe hinein, diese müssen dann aber wieder einzeln ausgeteilt werden.
2. Jedes Kind faltet seinen eigenen Briefumschlag (siehe auch KV 16) und versieht ihn mit Namen. Diese werden nun im Klassenzimmer aufgehängt.

Die Kinder können ihre Briefe an Piri einwerfen. Piri sollte natürlich antworten (Lehrerarbeit).
Mit der Vorlage sollte darauf aufmerksam gemacht werden, dass es wichtig ist, den Brief mit Anrede und Unterschrift zu versehen sowie richtig zu adressieren (siehe KV 14).
Im zweiten Teil dieser Seite geht es um das Trennen von Wörtern, erkennbar an der Vergrößerung der Karte von oben. Piris Tipp macht den Kindern eine Trennungshilfe bewusst. Eine weitere Trennungshilfe ist im zweiten Teil des Merksatzes zu finden.

Bezüge zum Lese – und Übungsteil

Das Gedicht „Der Brief" von Josef Guggenmos auf Seite 38 und „Post für den Tiger" von Janosch auf Seite 39 knüpfen an das Thema an. Weitere Übungen zum Wörtertrennen finden sich auf Seite 52 unter „Wörter zusammensetzen und trennen" in den Aufgaben 6 und 7. Die Lösungswörter heißen: *Computer, Regal, Klassenbuch, Gedicht, Tafel, Bleistift, Blumentopf.*

Fächerübergreifende Anregungen

Das Lied „Meine Biber haben Fieber" kann zusätzlich in Musik gelernt werden.

....

Arbeitsheft   Seite 11

....

Kopiervorlage 14   Seite 45
Kopiervorlage 15   Seite 46

....

Leseseiten

„Der Brief"   S. 38

Das Gedicht wird ohne Überschrift vorgetragen, sodass die Kinder mutmaßen können, um was es sich im Text handelt. Nach dem gemeinsamen Lesen des Gedichtes wird über die Bedeutung des Briefeschreibens als Ausdrucks- und Mitteilungsmöglichkeit gesprochen.

Die Kinder erhalten auf der Seite eine Anleitung zum Auswendiglernen des Gedichtes. Unter Berücksichtigung der unterschiedlichen Lerntypen probieren die Kinder aus, wie sie einen Text am besten auswendig lernen können:

- Indem sie begleitend hin- und hergehen,
- Sprechen und Hören auf Kassette,
- Abschreiben.

Anschließend berichten die Kinder über ihre Lernmethoden und tragen das Gedicht vor.

In Kunst bietet es sich an, einen Briefumschlag für den Klassenbriefkasten zu falten. Die Kopiervorlage leitet die Kinder dazu an.

....

Kopiervorlage 16 Seite 47

....

„Post für den Tiger"   S. 39

Die Lehrerin bringt Bücher von Janosch mit und fragt die Kinder, ob sie Bücher oder Figuren des Autors kennen. Anschließend wird der Text gelesen.

Im Gespräch finden die Kinder Wege, wie der Brief den Tiger erreicht.

Danach kann über weitere Möglichkeiten der Nachrichtenübermittlung gesprochen werden (Flaschenpost, Rauchzeichen usw.).

Die Kinder sollen sich anschließend vorstellen, sie seien der Tiger und schrieben einen Brief an den Bären zurück.

Die Geschichte soll die Kinder zum Weiterlesen des Buches anregen.

„Xaveria Rotpelz, die ..."   S. 40/41

Um die Stimmung in der Geschichte nachzuahmen, wird das Zimmer verdunkelt und eine kleine Leselampe eingeschaltet.

Beim Lesen der Geschichte werden die Kinder in eine Welt versetzt, in der sich Katze und Maus verstehen. Ein Gespräch dazu kann erfolgen. Einen weiteren Gesprächsanlass bietet der eigene Leseplatz, welcher auch gemalt oder beschrieben werden kann.

Darüber hinaus berichten die Kinder über eigene Leseerlebnisse.

Auf Seite 53 ist unter „Xaveria Rotpelz" eine Übung zum sinnerfassenden Lesen mit Selbstkontrolle zu finden. Die Buchstaben hinter den jeweils zutreffenden Sätzen ergeben das Lösungswort: *LESEN*.

„Bücherduft"   S. 41

Die Lehrerin bringt ein neues Buch oder eine frisch gedruckte Zeitung mit. Nach dem Lesen des Textes dürfen die Kinder daran riechen.

Die Kinder erfahren, wie reizvoll ein neues Buch sein kann. Gerüche wecken zum Beispiel Erinnerungen an schöne Erlebnisse, Dinge usw. Der Duft eines Buches kann auch im übertragenen Sinn vermittelt werden. Ein spannendes Buch vermittelt z. B. den Geruch nach Abenteuer.

„Ein Tiger will lesen"   S. 42/43

Die Kinder werden gefragt, ob sie schon einmal beim Lesen einer spannenden Geschichte gestört wurden. Danach wird der Text gelesen und mit eigenen Erfahrungen der Kinder verglichen. Durch das Lesen in verteilten Rollen können die Kinder die Situation nachempfinden und Handlungsmöglichkeiten diskutieren.

Alternativ können die Kinder erzählen, um welche Dinge sie sich mit ihren Geschwistern streiten und wie sie sich wieder versöhnen.

Bei der Übung „Ein Tiger will lesen" auf Seite 53 müssen die Kinder entscheiden, welche der vorgegebenen Wörter dem Originaltext entsprechen und die passenden Sätze dazu aufschreiben.

„Eine Bildergeschichte"   S. 43

Gemeinsam wird über die Bildergeschichte gesprochen. Anschließend finden die Kinder gemeinsam oder selbstständig eine passende Überschrift und schreiben ihre Geschichte unter Berücksichtigung helfender Wörter wie Bett, lesen – liest, Geist – Gespenst, Buch, fallen, auf.

Auf der Kopiervorlage ist eine weitere passende Bildergeschichte zu finden. Wurde im Buch gemeinsam gearbeitet, bietet sich hier Einzel- oder Partnerarbeit an. Die Bildergeschichte kann auch vergrößert und zerschnitten werden.

Leseseiten

„Lilli, Flosse und der ..."   S. 44/45

Durch die Leseprobe sollen die Kinder auf das Buch neugierig gemacht und so zum Lesen angeregt werden. Mit Hilfe des Leselexikons wird der Begriff „Rückseitentext" geklärt.

Im Anschluss daran können weitere Rückseitentexte von verschiedenen Büchern gelesen und dabei deren Inhalt kennen gelernt werden.

„Cornelia Funke"   S. 46

In diesem Text wird die Autorin Cornelia Funke vorgestellt. Die Kinder lernen Bücher und Hörspiele von ihr kennen. Im Leselexikon werden die Begriffe Buchillustratorin und Hörspiel erläutert.

Verschiedene Berufe, die von der Entstehung bis zum Verkauf an einem Buch beteiligt sind, können hier besprochen werden:

- Schriftsteller/in,
- Lektor/in,
- Verleger/in,
- Hersteller/in,
- Illustrator/in,
- Drucker/in,
- Buchbinder/in,
- Arbeiter/in im Auslieferungslager,
- Buchhändler/in.

Falls an dieser Stelle ein Buch mit der Klasse gelesen wird, hier ein Tipp: Die Erarbeitung eines Buches kann auch mit Hilfe eines Schuhkartons erfolgen.

*Siehe hierzu auch:

Jörg Knobloch (Hg.) Praxis Lesen: Das Geheimnis der Lesekiste 1, AOL Verlag, Lichtenau 2002.

„Dein Lesetipp"   S. 47

Diese Buchseite bieten sich an, parallel mit den Seiten 31/32 behandelt zu werden.

Falls keine Klassenbücherei vorhanden ist, können die Lesetipps auch als Plakat gestaltet werden. Auch hier könnten die Bücher mit Hilfe der Lesekiste oder aber mit einem Lesetagebuch vorgestellt werden.

Rund um die Bibliothek   S. 48/49

Dieser Text dient vordergründig zur Vorbereitung eines Unterrichtsganges in die Bibliothek. Dabei werden Vorinformationen gegeben über:

- Was ist eine Bibliothek?
- Wie funktioniert diese Einrichtung?

Mit den Kindern wird ein Fragekatalog für einen Bibliotheksbesuch erarbeitet. Abschließend kann ein Bibliotheksbesuch durchgeführt werden.

Die Kinder können sich Anregungen für den Aufbau einer eigenen Klassenbücherei holen.

*Anhang zur Lesekiste

Lesekisten als Instrument der Leseförderung:

Ein Schuhkarton wird mit konkreten Gegenständen oder Materialien gefüllt, die im Text oder Buch direkt angesprochen oder als präsent angenommen werden können (je nach Buch in Kapitel einteilen).

Der Schuhkarton kann individuell zum Text oder Buch gestaltet werden (entweder allein oder in der Gruppe).

Der Inhalt und das Arbeitsergebnis der Lesekiste können sehr verschieden sein, je nach Lesefertigkeit der Schüler. Entweder befinden sich nur Gegenstände in der Kiste oder aber auch Kärtchen zum Text. Sinnvoll ist zusätzlich eine kurze Inhaltsangabe im Deckel der Lesekiste anzubringen, damit es bei der Präsentation nicht zu einem großen Durcheinander kommt.

Pädagogisch-psychologische Bedeutung:

- Das Vorstellen eines Buches mit der Lesekiste ist eine Form des Referates und somit wichtiges Element des mündlichen Sprachgebrauchs.
- Die Erinnerungsfähigkeit und das Gedächtnis werden geschult.

Lesekarten

Autor/-in:

Titel:

Ausgeliehen:

von	am

Autor/-in:

Titel:

Ausgeliehen:

von	am

Drei Chinesen mit dem Kontrabass

Text und Melodie: überliefert

1. Drei Chi - ne - sen mit dem Kont - ra - bass   sa - ßen auf der Stra - ße und er -
zähl - ten sich was.   Da   kam die Po - li - zei: „Ja,   was
ist   denn   das?   Drei   Chi - ne - sen mit dem   Kont - ra - bass!"

❶ Singe das Lied.

❷ Ersetze alle Vokale (Selbstlaute) nacheinander durch a, e, i, o und u.

Dra Chanasan mat dam Kantrabass
saßan auf dar Straßa and arzahltan sach was.
Da kam da Palaza, ja was ast dann das.
Dra Chanasan mat dam Kantrabass.

Dri Chinisin mit dim Kintribiss …

Dre Chenesen …

Dro Chonoson …

Dru Chunusun …

❸ Du kannst die Strophen auch aufschreiben.

Differenzierungsdiktate

Wenn es regnet

Kim mag Geschichten über Riesen.

Max liest viele Sportzeitungen.

Mama schaut sich Filme über Tiere an.

Opa spielt gern am Computer.

Oma schreibt lieber Briefe.

❶ Übe den Text als Diktat.   *(27 Wörter)*

Wenn es draußen regnet

Kim mag spannende Geschichten über Riesen.

Ihr Bruder Max liest viele Sportzeitungen.

Mama sieht sich oft Tierfilme an.

Opa macht es Spaß, am Computer zu spielen.

Oma schreibt lieber Briefe oder singt Lieder.

❶ Übe den Text als Diktat.   *(37 Wörter)*

1. Tipp: Die umrahmten Wörter sollten dem Kind vorgegeben werden.
Diese können auf ein Blatt oder an die Tafel geschrieben
werden.

2. Tipp: Viele Wörter stehen in der Wörterliste. Diese kann am Ende für
zwei Minuten zum eigenen Nachschlagen und Prüfen der Wörter
genutzt werden.

Eine Postkarte richtig beschriften

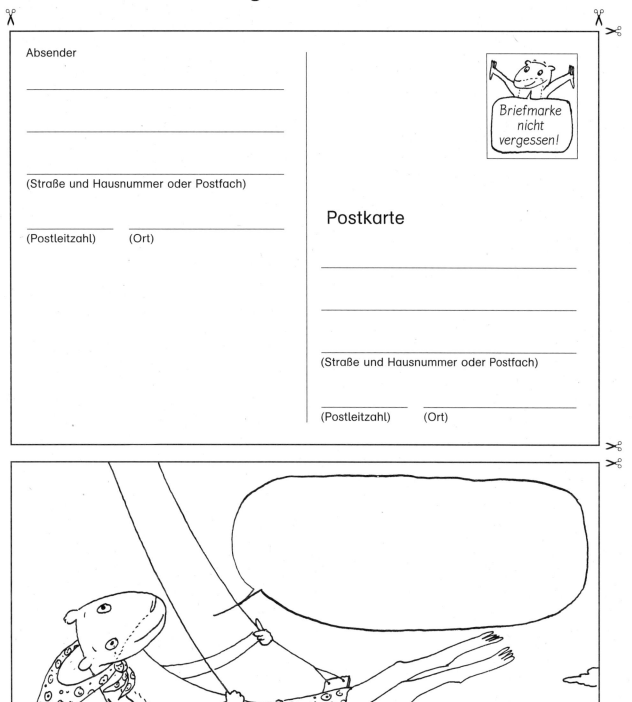

Absender

_____

_____

(Straße und Hausnummer oder Postfach)

_____ _____
(Postleitzahl)   (Ort)

Briefmarke
nicht
vergessen!

Postkarte

_____

_____

(Straße und Hausnummer oder Postfach)

_____ _____
(Postleitzahl)   (Ort)

❶ Schneide beide Vorlagen aus, beschrifte sie und male sie farbig aus.
❷ Klebe die zwei Seiten zusammen.

Meine Biber haben Fieber

Meine Biber haben Fieber,
oh die Armen.
Will sich keiner denn
der armen Tier' erbarmen.
Meine Biber haben Fieber,
sagt der Farmbesitzer Sieber,
hätt' ich selber lieber Fieber
und den Bibern ging es gut.

❶ In Liedern werden den einzelnen Noten Silben zugeordnet.
Schreibe die Wörter des Liedes so unter die Noten, dass unter
jeder Note eine Silbe steht.

Text: Wolfgang Hering / Bernd Meyerholz
Melodie: mündlich überliefert
© Fidula

Einen Briefumschlag falten

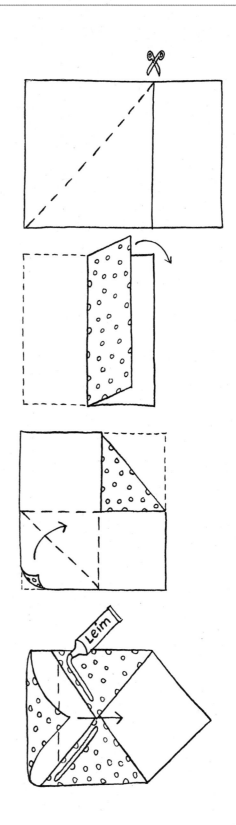

❶ Nimm ein A4-Zeichenblatt.
Falte eine Ecke, bis sie auf dem
Rand der gegenüberliegenden
Seite liegt.
Schneide den schmalen Streifen ab.

❷ Falte die Seiten einmal längs und
quer aufeinander.

❸ Falte nun die gegenüberliegenden
Ecken zur Mitte.

❹ Falte die dritte Ecke so, dass sie
über der Mitte liegt.
Bestreiche dann die zwei Kanten
mit etwas Kleber.
Klebe die Ecken an den Kanten fest.

❺ Mit der vierten Ecke kannst du
den Briefumschlag nun schließen.
Auch hier musst du Kleber
verwenden.

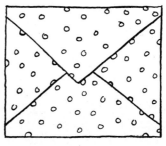

Bildergeschichte

❶ Schreibe zu den Bildern eine Geschichte.
Diese Wörter helfen dir: *spannend, Buch, Junge, Vater, Essen, warten.*

❷ Finde eine Überschrift.

Mein Lesetipp

Lesetipp von: _____

Titel des Buches: _____

_____

Autor/-in: _____

Das passiert in meinem Buch: _____

_____

_____

Es gefällt mir, weil _____

_____

Lesetipp von: _____

Titel des Buches: _____

_____

Autor/-in: _____

Das passiert in meinem Buch: _____

_____

_____

Es gefällt mir, weil _____

_____

Mein Lesetagebuch

Titel:

Autor/-in:

Illustrator/-in:

Angefangen zu lesen am: _____

Zu Ende gelesen am: _____

Meine Lieblingsfigur:

Das passiert in meinem Buch:

Besonders lustig / traurig / spannend fand ich:

✂ ┄┄

❶ Du kannst dir ein Lesetagebuch zusammenstellen für alle Bücher, die du gelesen hast.

❷ Ihr könnt auch ein Lesetagebuch für eure Klasse anlegen.

Kapitel 3 – Wünsche und Träume

Einleitende Worte

Träume und Wünsche stehen im Mittelpunkt des Kapitels. Dabei werden Phantasie und Realität miteinander verknüpft. Die Kinder er-leben und erfahren, wie vielgestaltig Träume und Wünsche sein können. Dieses Kapitel bietet umfangreiche Möglichkeiten, aus der Erlebniswelt der Kinder zu schöpfen. Hier gibt das Thema viel Raum, mit den Kindern über ihre Phantasievorstellungen zu sprechen.

Lerninhalte und Ziele

Die Kinder
- verschriftlichen Träume und Wünsche,
- lernen den Begriff „Verb" kennen,
- unterscheiden Satzarten,
- lernen Fragepronomen kennen,
- lernen den Begriff „Zwielaut" kennen,
- können folgerichtig eine Bildergeschichte mithilfe von Vorgaben wiedergeben,
- lesen in verteilten Rollen,
- interpretieren ein Gedicht,
- bringen ein Gedicht in die richtige äußere Form und schreiben es nieder.

Kapitelauftaktseite

Die Kinder lernen das Lied vom Traumzauberbaum und singen es gemeinsam. Danach erzählen sie im Gesprächskreis nacheinander, wovon sie träumen. Dabei sollte auch darauf eingegangen werden, dass es unterschiedliche Arten von Träumen gibt: Einige beinhalten Wünsche, die sich erfüllen ließen, andere sind utopische Zukunftsträume oder ähneln Phantasiegeschichten. Die Beispiele der Kapitelauftaktseite greifen die unterschiedlichen Möglichkeiten auf. Die Texte werden gemeinsam gelesen.

Fächerübergreifende Anregungen

In Kunst können die Kinder eigene Traumbilder malen. Bildbetrachtungen zu Kunstwerken von Chagall oder Klee aus der Buchreihe „Abenteuer Kunst" (Prestel-Verlag) und Bücher über Marc Chagall „Mein Leben ist ein Traum" sowie Paul Klee „Bilderträumen" regen die Kinder zu Trauminterpretationen an. Außerdem können zu den Bildern Texte verfasst werden.
Klangvolle Phantasiereisen können im Musikunterricht durchgeführt werden.

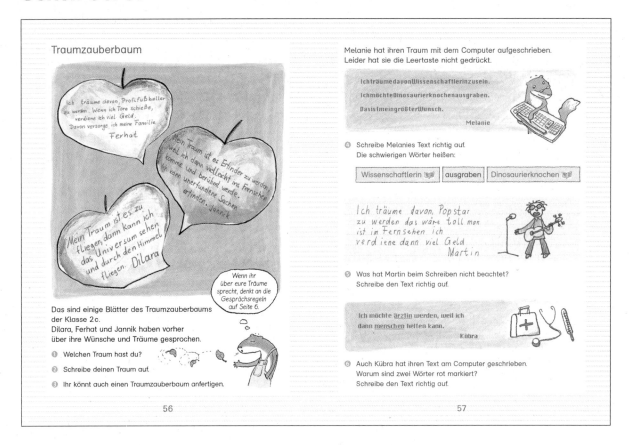

Lernziele – Seite 56

Die Kinder

- werden zum freien Schreiben angeregt,
- können Kindertexte sinnerfassend lesen und sich zu ihnen äußern,
- formulieren mündlich eigene Träume,
- schreiben einen eigenen Traum nieder,
- können einen korrigierten Text fehlerfrei und sauber abschreiben.

Lernziele – Seite 57

Die Kinder

- erkennen Wort- und Satzgrenzen,
- sind in der Lage, Satzschlusszeichen (Punkte) zu setzen und Satzanfänge groß zu schreiben,
- können unbekannte oder schwierige Wörter im Leselexikon nachschlagen,
- lernen die optische Kennzeichnung von Fehlern am Computer kennen,
- wenden ihre Kenntnisse über Großschreibung von Nomen an.

Hinweise und Anregungen zur Unterrichtsgestaltung

Seite 56
Methodische Umsetzung

Zwei oder drei reale und phantastische Träume, die einige (möglichst leistungsschwächere) Kinder erzählt haben (Kapitelauftaktseite), werden von der Lehrerin vorbereitend auf große blattförmige Bögen geschrieben und an die Tafel gehängt. Die Kinder raten oder erinnern sich, wer diesen Traum hatte.

Die im Buch aufgeführten Träume werden gemeinsam gelesen. Zusammen mit den Texten an der Tafel können sie leistungsschwächeren Kindern als Anregung und Vorlage dienen. Anschließend schreiben alle Kinder ihren eigenen Traum auf.

Die Entwürfe werden von der Lehrerin oder den Kindern selbst korrigiert, ggf. auch abgeschrieben.

Soll ein eigener Klassentraumzauberbaum hergestellt werden, muss man bei der Vorbereitung der Blätter darauf achten, dass die Blattspitzen in unterschiedliche Richtungen zeigen sollten. Die Linien sollten entsprechend angeordnet sein (Kopiervorlage).

Die Blätter werden mit Buntstiften in unterschiedlichen Grüntönen gefärbt und nach dem Beschreiben als Baumkrone aufgeklebt. Der Stamm des Baumes kann aus gekrepptem braunen Seidenpapier geformt werden.

Alternativen und Differenzierungen

Die Kinder können auch auf unliniertes Tonpapier schreiben. Die Blätter werden dafür im Kunstunterricht vorbereitet.

Bei der Durchführung in einzelnen Klassen zeigte sich, dass sowohl Traumzauberbäume mit Wünschen, die in die Zukunft zielen, als auch solche mit Phantasiegeschichten entstehen können.

Fächerübergreifende Anregungen

Das Lied vom Traumzauberbaum kann im Musikunterricht behandelt werden.
Das Verbildlichen von eigenen Träumen ist in Kunst möglich.

Kopiervorlage 20 Seite 65

Seite 57
Methodische Umsetzung

Die einzelnen Aufgaben beinhalten jeweils nur einen Schwerpunkt.

Damit das sinnentnehmende Lesen erleichtert wird, sind die Wörter, bei denen Kinder in der Erprobung stockten, gesondert aufgeführt. Die Wörter „Wissenschaftlerin" und „Dinosaurierknochen" werden im Leselexikon näher erklärt.

Der mit dem Computer geschriebene Text zu Wortgrenzen in Aufgabe 4 ist als Impuls gedacht. Die eigenen Kindertexte werden mit dem einzelnen Kind orthographisch ausgewertet, korrigiert und dann mit dem Computer geschrieben.

Beim Lesen des Kindertextes in Aufgabe 5 erkennen die Kinder, dass Satzschlusszeichen die inhaltliche Erfassung des Textes erleichtern. Hier und in Aufgabe 6 wenden die Kinder außerdem ihre Kenntnisse über die Großschreibung am Satzanfang an. Gleichzeitig werden sie mit der Bedeutung eines Rechtschreibprogrammes bei der Arbeit mit dem Computer vertraut gemacht.

Bezüge zum Lese- und Übungsteil

Im Leseteil auf Seite 69 bietet das Gedicht „Wenn die Tiere träumen" von James Krüss Anknüpfungspunkte zum Thema Träume.

Weitere Übungen sind auf Seite 76 unter „Wörtern und Sätze" zu finden. Die gesamte Seite beinhaltet Textelemente, die zusammenhängend eine Geschichte über einen Hamster ergeben, der in seinem Käfig träumt und im wachen Zustand erkennen muss, dass der Traum eine Illusion war.

Arbeitsheft Seite 14

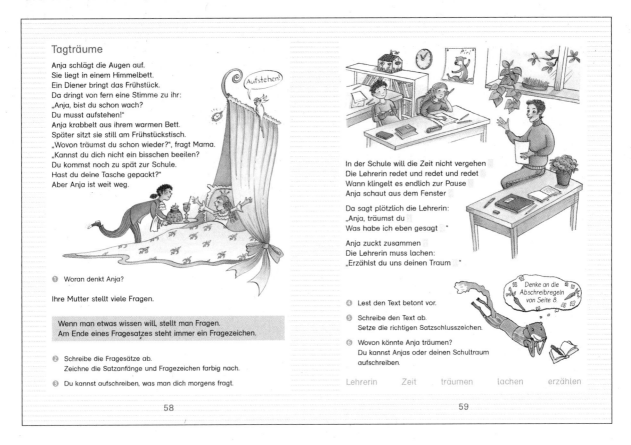

Tagträume

Anja schlägt die Augen auf.
Sie liegt in einem Himmelbett.
Ein Diener bringt das Frühstück.
Da dringt von fern eine Stimme zu ihr:
„Anja, bist du schon wach?
Du musst aufstehen!"
Anja krabbelt aus ihrem warmen Bett.
Später sitzt sie still am Frühstückstisch.
„Wovon träumst du schon wieder?", fragt Mama.
„Kannst du dich nicht ein bisschen beeilen?
Du kommst noch zu spät zur Schule.
Hast du deine Tasche gepackt?"
Aber Anja ist weit weg.

❶ Woran denkt Anja?

Ihre Mutter stellt viele Fragen.

> Wenn man etwas wissen will, stellt man Fragen.
> Am Ende eines Fragesatzes steht immer ein Fragezeichen.

❷ Schreibe die Fragesätze ab.
   Zeichne die Satzanfänge und Fragezeichen farbig nach.

❸ Du kannst aufschreiben, was man dich morgens fragt.

58

In der Schule will die Zeit nicht vergehen
Die Lehrerin redet und redet und redet
Wann klingelt es endlich zur Pause
Anja schaut aus dem Fenster

Da sagt plötzlich die Lehrerin:
„Anja, träumst du
Was habe ich eben gesagt "

Anja zuckt zusammen
Die Lehrerin muss lachen:
„Erzählst du uns deinen Traum "

❹ Lest den Text betont vor.

❺ Schreibe den Text ab.
   Setze die richtigen Satzschlusszeichen.

❻ Wovon könnte Anja träumen?
   Du kannst Anjas oder deinen Schultraum
   aufschreiben.

Denke an die Abschreibregeln von Seite 8.

Lehrerin   Zeit   träumen   lachen   erzählen

59

Lernziele – Seite 58

Die Kinder
- lernen Fragesatz und Fragezeichen kennen,
- erkennen Fragesätze und können diese von Aussagesätzen unterscheiden,
- wenden die Technik des Abschreibens an,
- können die Merkmale des Fragesatzes hervorheben.

Lernziele – Seite 59

Die Kinder
- können einen Text betont vorlesen und dabei den Unterschied von Aussage- und Fragesätzen deutlich machen,
- wenden ihre Kenntnisse über Frage- und Aussagesätze an,
- erfassen das entsprechende Satzschlusszeichen,
- wenden die Technik des Abschreibens an.

Lernwörter
- Lehrerin, Zeit, träumen, lachen, erzählen

Hinweise und Anregungen zur Unterrichtsgestaltung

Seite 58
Methodische Umsetzung

Die Lehrerin regt die Kinder mit der Frage: „Was ist ein Tagtraum?" oder „ Hast du schon einmal am Tag geträumt?" zum Gespräch an.

Anschließend wird der Text gelesen. Danach stellt die Lehrerin Bezüge zu eigenen Erfahrungen der Kinder am Morgen her. Wie ist es bei den Kindern zu Hause? Wer weckt sie? Stehen sie schnell auf oder sind sie eher Morgenmuffel? Gibt es morgens meistens Ärger, weil sie trödeln? Frühstücken die Kinder gemeinsam mit ihren Eltern, alleine oder gar nicht?

Ggf. kann herausgearbeitet werden, dass es durchaus Fragen gibt, die eigentlich keine Fragen darstellen, sondern als Aufforderung zu verstehen sind, wie zum Beispiel „Kannst du dich nicht ein bisschen beeilen?"

Der Text wird nochmals betont von einzelnen Kindern vorgelesen. Dabei werden die Fragesätze herausgestellt.

Anschließend schreiben die Kinder die Fragesätze ab. Satzanfänge und Fragezeichen werden farbig markiert.

Alternativen und Differenzierungen

Die Kinder schreiben eigene Fragesätze auf, die ihnen morgens ihre Mutter oder ihr Vater stellen. Anjas Traum kann weitergeträumt oder ein eigener Tagtraum schriftlich festgehalten werden.

In Partner- oder Gruppenarbeit kann ein Frage-Antwortspiel hergestellt werden.

Die Kärtchen werden gemischt und im Wechsel gezogen.

....

Arbeitsheft   Seite 15
....

zu langweilig wird. Somit kann auch auf die Bedeutung eines interessanten und abwechslungsreichen Unterrichts eingegangen werden. Beim Vorlesen des Textes durch „lesestarke" Kinder wird bereits darauf geachtet, dass durch die Betonung die Unterscheidung zwischen „Aussage-" und „Fragesatz" deutlich wird.

Beim Abschreiben sollte nochmals auf die Abschreibregeln verwiesen werden.

Alternativen und Differenzierungen

Das Schreiben und/oder Aufmalen eines Schultraumes kann sich anschließen. Die Kinder können dazu Denkblasen oder Wolken zeichnen und hineinschreiben (dafür ist der untere Teil der KV 25 als Vorlage auch nutzbar).

Bezüge zum Übungsteil

Auf Seite 76 sind unter „Wörter und Sätze" sowie „Fragesätze" die Übungen 3 bis 6 zum Thema einsetzbar.

Fächerübergreifende Anregungen

An dieser Stelle bieten sich in Kunst die im Kapiteleinstieg beschriebenen Bildbetrachtungen an. So werden die Kinder angeregt eigene Traumbilder zu malen. Eine Kopplung mit dem Musikunterricht in dieser schöpferischen Phase löst die Kinder. Ihre Phantasie kann sich so besser entfalten.

....

Arbeitsheft   Seite 15
....

Seite 59
Methodische Umsetzung

Der angebotene Text (jeder liest ihn zunächst leise) setzt Anjas Tagesablauf fort: Nun sitzt sie in der Schule und träumt wieder. Die Situation dürfte den meisten Kindern bekannt sein, so dass sie sich durchaus mit Anja identifizieren können. Eigene Schultraumsituationen können hier erzählt werden.

Kinder träumen zum Beispiel, wenn es ihnen

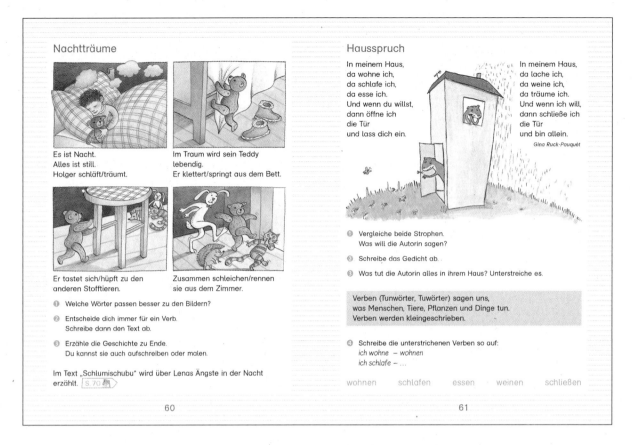

60

61

Lernziele – Seite 60

Die Kinder

- können aus Bildvorgaben passende Verben aussuchen und damit den Inhalt einer Geschichte mitbestimmen,
- wenden durch das entsprechende folgerichtige Abschreiben der Geschichte die Abschreibtechnik an,
- lernen die Wortart „Verb" vorbegrifflich kennen,
- sind in der Lage, das Ende einer Geschichte zu formulieren.

Lernziele – Seite 61

Die Kinder

- lernen eine Gedichtform ohne Reimschema kennen,
- können die Aussage des Gedichts interpretieren,
- erfassen den Begriff „Verb" und seine Bedeutung,
- können Verben in einem Text erkennen und herausschreiben,
- sind in der Lage, zu einer gebeugten Form eines Verbs die Grundform zu ergänzen.

Lernwörter

- wohnen, schlafen, essen, weinen, schließen

Hinweise und Anregungen zur Unterrichtsgestaltung

Seite 60
Methodische Umsetzung

Um die Arbeitstechnik einzuführen, steht an der Tafel z. B. folgender Text:

Timo schläft/liest.
Plötzlich klopft/bummert es an die Tür.
Timo schaut/springt erschreckt hoch.
Wer mag das sein?

Jeweils ein Kind liest einen Satz und entscheidet sich für ein Verb. Ein Kind seiner Wahl kann das überflüssige Wort streichen.

Alternativ können die Auswahlverben auf Wortkärtchen stehen. Das gewählte Verb wird in den Lückentext eingesetzt. Die Kinder erkennen, dass mit der Wahl des Verbs der Textinhalt unterschiedliche Bedeutung bekommt.

Mit der Geschichte im Buch werden Kenntnisse über die Wortart „Verb" und der Begriff „Wortfeld" angebahnt.

Der Buchtext und die Arbeitsanweisungen werden leise gelesen. Da die Technik bei der Einführung erklärt wurde, können die meisten Kinder die Arbeitsaufträge selbstständig ausführen. Der Text wird nun je nach eigener Wahl aufgeschrieben.

Die Kinder schreiben einen eigenen Schluss. Das Ende der Geschichte kann gezeichnet werden.

Alternativen und Differenzierungen

Leistungsstärkere Kinder können wie in den Vorlagen ähnliche Alternativsätze formulieren und den anderen Kindern der Klasse vorstellen. Die Kinder sollen vor allem versuchen, die Bedeutungsverschiebung zu erkennen und mit eigenen Worten zu erklären. Nur dann ist das Verständnis für den im Folgekapitel einzuführenden Begriff „Wortfeld" gesichert.

Bezüge zum Lese- und Übungsteil

Das Lesestück „Der Schlumischubu" von Manfred Mai auf den Seiten 70/71 setzt sich mit dem Thema Nachtträume auseinander.
Die Seite 79 bietet unter „Der Schlumischubu" darüber hinaus eine Übung zum sinnerfassenden Lesen des Textes an.

....

Arbeitsheft   Seite 16
....

Seite 61
Methodische Umsetzung

Das Gedicht wird von der Lehrerin vorgelesen und die Aussage von den Kindern interpretiert. So sollte zur Sprache gebracht werden, dass jeder Mensch einen eigenen „Raum" zum Rückzug braucht, der von anderen respektiert werden muss.

Die Kinder erkennen, dass sich dieses Gedicht nicht reimt. Nach dem gemeinsamen Lesen schreiben die Kinder das Gedicht ab. Es muss ausdrücklich darauf verwiesen werden, dass der jeweilige Zeilenanfang nicht verändert werden darf, da die Autorin ihn festgelegt hat. Die Verben werden unterstrichen, wobei schwächere Kinder von leistungsstärkeren unterstützt werden können. Mit dem Merksatz lernen die Kinder nun die fachgerechte Bezeichnung für die unterstrichenen Wörter kennen. Er dient der Ergebnissicherung. Aufgabe 4 sollte erst nach nochmaligem Lesen des Gedichtes gelöst werden. Dabei werden die 1. Person Singular (ich-Form) und die Infinitivform nebeneinander geschrieben.

Alternativen und Differenzierungen

Auf Wortkarten stehen Verben. Ein Kind zieht eine Karte, erliest das Verb und stellt es pantomimisch dar. Die anderen Kinder raten.

Aus der Wörterliste werden zu bestimmten Anfangsbuchstaben Verben herausgesucht.

Die Kinder und/oder die Lehrerin bringen Tiere als Spielfiguren mit. Auf Wortkarten wird gemeinsam aufgeschrieben, was die Tiere alles können, wie zum Beispiel: Hund – bellen, springen, ...

Fächerübergreifende Anregungen

Die Kinder legen ein Traumbuch an. Die Bider dazu sind bereits entstanden, wenn Sie den Vorschlag zu Seite 59 aufgegriffen haben.

....

Arbeitsheft   Seite 16
....

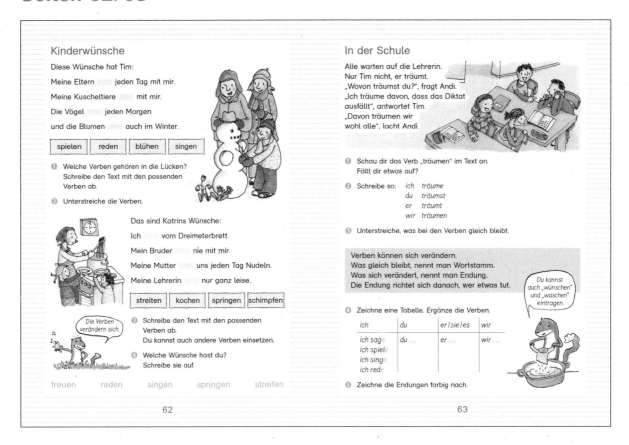

Lernziele – Seite 62

Die Kinder

- können Verben sinnentsprechend in einen Lückentext einordnen,
- sind in der Lage, die gebeugte Verbform zu bilden,
- erkennen, dass Verben sich dabei verändern.

Lernwörter:

- freuen, reden, singen, springen, streiten

Lernziele – Seite 63

Die Kinder

- können am exemplarischen Beispiel „träumen" Personalformen von Verben erkennen und bilden,
- lernen die Unterscheidung von Wortstamm und Endung bei Verben kennen,
- können eine Tabelle zeichnen und Personalformen vorgegebener Verben eintragen,
- heben Endungen als grammatisches Merkmal der Personalformen farbig hervor.

Seite 62
Methodische Umsetzung

Die Kinder sitzen im Kreis. Die Lehrerin hält einen „Sprechball" in der Hand und gibt den Impuls : „Ich wünsche mir, dass sich heute keiner streitet." Der „Sprechball" wird weitergegeben. Jedes Kind formuliert einen Wunsch.

Nun werden die Kinderwünsche im Buch gelesen. Die Buchtexte sind so formuliert, dass sich der Schwierigkeitsgrad der Aufgabe schrittweise steigert. Während im ersten Text die vorgegebenen Verben unverändert eingesetzt werden können, gibt die Lehrerin zum zweiten Text den Impuls, den Hinweis des Wiesels zu beachten. Hier ändert sich die Personalform in der Endung. Je nach gewohnter Unterrichtsform muss die Arbeitsanweisung gemeinsam besprochen werden oder die Kinder bearbeiten die Seite selbstständig. Die Kinder können auch andere als die vorgegeben Verben in die Texte einsetzen und die Wörterliste zu Hilfe nehmen. Dabei werden sie angeregt bedeutungsähnliche Verben bzw. Wortfelder zu finden.

Abschließend können die Kinder eigene Wünsche formulieren und unter der Vorgabe aufschreiben, dass die Verben in der richtigen gebeugten Form verwendet werden.

Es ist möglich, auch in den selbstgeschriebenen Texten die gebeugten Verbformen zu unterstreichen.

Alternativen und Differenzierungen

Klassenwünsche können als Poster oder in einem Poesiealbum zusammengestellt werden.

In einem Klassenbriefkasten werden die Wünsche anderer Kinder oder Lehrerinnen gesammelt.

Die Kinder können auch für ein Geburtstagskind der Klasse Wünsche formulieren.

....

Arbeitsheft   Seite 17

....

Seite 63
Methodische Umsetzung

Zu Beginn sprechen die Kinder über Schulängste. Dazu bietet es sich an, wenn möglich auf eine (noch) aktuelle Situation Bezug zu nehmen. Vielleicht identifizieren sich einige Kinder mit der im Text beschriebenen Situation. Im Text kommen mehrere Personalformen des Verbs „träumen" vor.

Der Text kann an der Tafel bearbeitet werden: Er wird gelesen und das Verb „träumen" unterstrichen. Aufgabe 2 kann selbstständig bearbeitet werden. Die Kinder wenden dabei Gelerntes von Nummer 3 auf Seite 62 an. Im Gespräch wird geklärt, was jeweils bei den unterschiedlichen Formen gleichbleibt, was und warum sich etwas ändert. Die Kinder verbalisieren, dass sich die Endungen verändern, sobald eine andere Person etwas tut.

Im Anschluss werden die Begriffe „Wortstamm" und „Endung" mit dem Merksatz gefestigt. Zur optischen Verdeutlichung kann ein Baummodell genutzt werden (Stamm = Wortstamm, Blätter = Endungen). An einem weiteren Verb (z. B. lachen, warten) werden die Wortstämme markiert. Die Aufgaben 4 und 5 dienen zur Vertiefung und Festigung.

Die Mops-Übung hilft vor allem lernschwächeren Kindern, da immer eine gebeugte Mops-Form vorgegeben ist.

Opa mopst in den Garten.   *Ich mopse viel.*

läuft	lese
geht	erzähle

Alternativen und Differenzierungen

In der Kreismitte liegen Wortkarten (Pronomen/gebeugte Verbformen). Die Kinder ordnen die Karten zu und finden auch die jeweilige Grundform zum gebeugten Verb.

Bezüge zum Übungsteil

Weitere Übungen sind auf Seite 77 unter „Verben" und „Reimwörter" zu finden. Der Text über das Kuchenbacken kann auch als Diktat geübt werden. Nicht geübte bzw. schwere Wörter (z. B. Mehl, Backpulver) sollten dabei an die Tafel geschrieben werden.

....

Arbeitsheft   Seite 17

....

Kopiervorlage 21   Seite 66

....

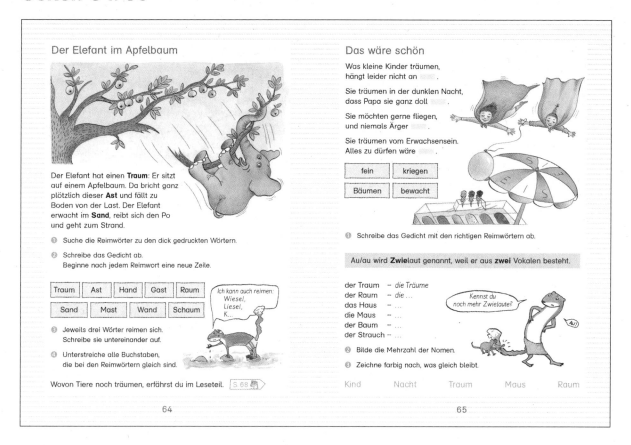

Lernziele – Seite 64
Die Kinder
- erfassen in einem Text Reimwörter,
- sind in der Lage, einen Text in Gedichtform zu strukturieren und aufzuschreiben,
- wenden ihre Kenntnisse über Reimwörter an,
- können Reimwörter bilden,
- erfassen und erkennen das Reimschema durch farbiges Markieren gleicher Buchstaben in den Reimwörtern.

Lernziele – Seite 65
Die Kinder
- können in einen Lückentext zu Wörtern vorgegebene Reimwörter einsetzen,
- lernen den Zwielaut „au" kennen,
- wiederholen die Mehrzahlbildung von Nomen,
- nutzen das Stammprinzip als Hilfe bei der Mehrzahlbildung und erkennen, dass oftmals aus „au" „äu" wird,
- können Gemeinsamkeiten bei Einzahl und Mehrzahl hervorheben.

Lernwörter
- Kind, Nacht, Traum, Maus, Raum

Hinweise und Anregungen zur Unterrichtsgestaltung

Seite 64
Methodische Umsetzung

Das Spaßgedicht steht ggf. an der Tafel. Ein lesestarkes Kind liest den Text vor. Die Kinder erkennen, dass es sich um ein „Gedicht" handelt. Sie überlegen, warum es nicht wie ein Gedicht aussieht.

In leistungsschwächeren Klassen werden die Reimwörter unterstrichen. Hinter jedem Reimwort wird ein Strich gezogen.

Anschließend schreiben die Kinder den Text als Gedicht ab (ein nochmaliger Hinweis auf die genaue Arbeitsanweisung 2 ist bei leistungsschwachen Kindern notwendig).

Aufgabe 3 und 4 des Buches können selbstständig oder auch als Hausaufgabe bearbeitet werden.

Bezüge zum Leseteil

Das Lesestück „Wovon träumt der Igel" von Alfred Könner auf Seite 68 kann zu diesem Thema eingesetzt werden.

Alternativen und Differenzierungen

Das Finden weiterer Reimwörter wie *Hast, Last, Rast, Knast, Strand, Rand, Band, Land, Baum, kaum* usw. ist möglich.

So kann das Gedicht „Der Elefant im Apfelbaum" auch gemeinsam weitergeschrieben werden.

Möglich ist auch folgende Partnerarbeit:

Die Kinder bilden zunächst Reimwortpaare. Diese werden dann auf Kärtchen geschrieben und gemalt. So entsteht ein Memory-Spiel. Ziel ist es, Paare zu finden (z. B. Sonne – Tonne, Tisch – Fisch). Die Karten können dann untereinander getauscht werden.

....

Arbeitsheft   Seite 18
....

Kopiervorlage 22   Seite 67
....

Seite 65
Methodische Umsetzung

In dem Gedicht müssen die Reimwörter ergänzt werden. Dies geschieht zunächst mündlich. Danach bietet es sich an, über den Text unter besonderer Berücksichtigung der letzten Zeile

mit den Kindern zu sprechen. Anschließend wird nochmals das Abschreiben geübt.

Ausgehend vom Wort „Traum" wird der Begriff „Zwielaut" am Beispiel des „au" eingeführt. Über die Mehrzahlbildung erkennen die Kinder, dass au zu äu werden kann. Das ursprüngliche Wort ist aber immer noch in dem „Mehrzahlwort" versteckt. Es lässt sich aufspüren und nachzeichnen. Dieses Stammprinzip kann den Kindern als Rechtschreibhilfe angeboten werden.

Der Bezug zum gleichklingenden „eu" wird an dieser Stelle bewusst nicht hergestellt.

Alternativen und Differenzierungen

Eines der Gedichte kann als Schmuckblatt gestaltet werden.

Die Kinder können weitere eigene Reime erfinden und als Abzählverse aufsagen.

Die Kinder können an dieser Stelle ein Gedichtheft anlegen. In dieses Heft werden alle/viele Gedichte in Schönschrift eingetragen. Die Gestaltung des Umschlages kann in Kunst erfolgen.

Bezüge zum Lese- und Übungsteil

Der Lesetext auf Seite 69 „Wenn die Tiere träumen" von James Krüss lässt sich hier einbinden.

Die Übungen 6 und 7 unter „Reimwörter" auf Seite 77 nehmen Bezug zu Reimen mit Verben. Weitere Übungen zu au/äu sind auf Seite 78 unter „Die Zwielaute au und äu" zu finden.

Fächerübergreifende Anregungen

Das Elefanten-Gedicht kann in Kunst als Comic gezeichnet werden. Dazu kann auf die Umrisszeichnung von Kopiervorlage 7 zurückgegriffen werden.

In Musik kann das Lied „Ein Elefant, der balancierte auf einem Spinnennetz" gesungen werden.

....

Arbeitsheft   Seite 19
....

Kopiervorlage 22   Seite 67
....

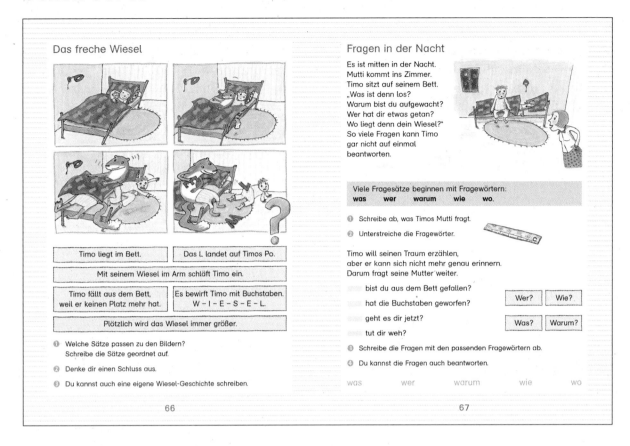

Lernziele – Seite 66

Die Kinder
- erfassen anhand von Bildern den Inhalt einer Geschichte und erzählen ihn nach,
- können Bildern Sätze zuordnen,
- erkennen, dass sich eine fortlaufende Geschichte ergibt,
- sind in der Lage, die Geschichte geordnet aufzuschreiben,
- finden einen Schluss für die Geschichte und schreiben ihn nieder.

Lernziele – Seite 67

Die Kinder
- erkennen Fragesätze in einem Text und schreiben sie auf,
- lernen Fragewörter und ihre Bedeutung in Fragesätzen kennen,
- erfassen Fragewörter im Text,
- ergänzen in einem Lücktext sinnvolle Fragewörter.

Lernwörter:
- was, wer, warum, wie, wo

Hinweise und Anregungen zur Unterrichtsgestaltung

Seite 66
Methodische Umsetzung

Als Einstieg zu dieser Bildgeschichte kann ein Kuscheltiertag in der Klasse veranstaltet werden. Jedes Kind erzählt etwas über sein Kuscheltier. Anschließend schauen sich die Kinder die Bildergeschichte im Buch an und erzählen zu den Bildern.

Die Texte zu den Bildern werden auf Streifen geschrieben, ausgeschnitten und an Hand der Bilder in die richtige Reihenfolge gebracht. Dies kann in Arbeitsgruppen (jeweils sechs Kinder) geschehen. Nach Überprüfung der Reihenfolge werden die Sätze aufgeschrieben.

Zusätzlich sollte von jedem Kind der Schluss der Geschichte allein gefunden werden. Dabei werden verschiedene Möglichkeiten vorgestellt.

Alternativen und Differenzierungen

Die Satzvorgaben können durch eigene Formulierungen erweitert werden. Sprachgewandte Kinder erfinden eine eigene Wieselgeschichte. Alle Wieselgeschichten können zu einem Buch zusammengeheftet werden.

Die Bildergeschichte kann auch kopiert und zerschnitten werden. Die Kinder beschreiben die einzelnen Bilder und ordnen sie zum Schluss zu einer sinnvollen Bildfolge.

Fächerübergreifende Anregungen

In Kunst können die Kinder das Wieselbuch mit verschiedenen Gestaltungstechniken illustrieren.

....

Kopiervorlage 23 Seite 68

....

Seite 67
Methodische Umsetzung

Der Traum vom Kuscheltier „Wiesel" wird aufgegriffen, die Geschichte im Buch fortgeführt. An der Tafel stehen Fragen ohne Fragewörter:

- ___ liegt Timo? *(Wo)*
- ___ hat Timo im Arm? *(Was)*
- ___ beginnt zu wachsen? *(Wer)*
- ___ fällt Timo aus dem Bett? *(Warum)*

Die Kinder überlegen, welche Wörter fehlen. Der Begriff „Fragewort" wird erarbeitet und der Merksatz gelesen.

Die Buchseite kann anschließend weitgehend selbstständig bearbeitet werden. Die Kinder wiederholen einerseits die Bedeutung von Fragesätzen und festigen zugleich häufig gebrauchte Fragewörter und deren Schreibung.

Kinder, die schnell fertig sind, können in die Rolle des Jungen schlüpfen und eine oder mehrere Fragen schriftlich beantworten. Die Kinder erfassen dabei, dass sie die Ich-Form anwenden und die Sätze aus der Bildergeschichte umstellen müssen.

Die Buchsituation kann auch nachgespielt werden. Die „Mutter" übt so – fast unbewusst – die Fragewörter. Es können noch weitere eigene Ideen eingebracht werden:

Wieso bist du wach?
Weshalb ist das Licht an?

Alternativen und Differenzierungen

Die Kinder können Geschichten über das eigene Kuscheltier schreiben. Sie stellen gegenseitig Fragen zu den Kuscheltieren und schreiben sie ggf. auf (Wann/Warum ich das Kuscheltier bekam; Warum ich das Kuscheltier besonders mag; Mein Kuscheltier wird lebendig). Die Fragen zur Beschreibung des Kuscheltieres helfen den Kinder später wieder bei der Bearbeitung der Seite 84 „Mit den Händen sehen".

In der Klasse kann ein Kuscheltierbuch angelegt und gestaltet werden.

Bezüge zum Lese- und Übungsteil

Auf den Seiten 74/75 ist bezugnehmend auf das Thema die Geschichte „Der flüsternde Tiger" von Ulli Schubert zu finden. Eine sinnerfassende Leseübung zum Text beinhaltet die Übungsseite 79 unter „Der flüsternde Tiger". Das Lösungswort heißt: *TIGER*.

Das Einsetzen von Fragepronomen kann auf Seite 76 unter „Fragesätze" geübt werden.

....

Arbeitsheft Seite 15
....

Leseseiten

„Wovon träumt der Igel"   S. 68

Das Gedicht wird vorgetragen. Die Kinder werden angehalten, sich dazu zu äußern, was sie bei diesem Gedicht festgestellt haben. Sie erkennen, dass die Fragen und Antworten vertauscht wurden. Das Reimprinzip unterstützt hier das sinnerfassende Lesen bei der Zuordnung.

In Partnerarbeit schreiben die Kinder die Fragen und Antworten auf Papierstreifen und ordnen sie richtig einander zu. Anschließend wird der Text geordnet aufgeklebt und in der richtigen Reihenfolge vorgelesen.

Die Kinder können weiterschreiben oder ähnliche Reimspiele entwickeln.

Arbeitsheft   Seite 18

Kopiervorlage 24 Seite 69

„Wenn die Tiere träumen"   S. 69

Als Einstieg kann das Lied als Tonträger genutzt werden. Danach wird der Text zunächst still gelesen. Im Gespräch wird geklärt, was in diesem Gedicht alles verkehrt ist (Subjekt und Objekt sind vertauscht). Der Text wird abwechselnd von einem Kind und im Chor gelesen. Die Kinder können als Alternative den Text umschreiben: Wenn die Tiere erwachen.

Arbeitsheft   Seite 18

„Der Schlumischubu"   S. 70/71

Manfred Mai erzählt die Geschichte von einem Riesen, der böse Träume verscheucht. Die Kinder erzählen, was sie tun, wenn sie nachts von bösen Träumen heimgesucht werden bzw. wem sie sich anvertrauen. Gemeinsam wird herausgestellt, was an der Geschichte Wirklichkeit und was ausgedacht ist.

Die Kinder malen den Riesen auf ein Plakat, schreiben ihre „bösen Träume" auf Zettel und heften sie an.

Bei der Übung auf der Seite 79 unter „Der Schlumischubu" müssen die Kinder entscheiden, welche der vorgegebenen Wörter dem Originaltext entsprechen und die richtigen Sätze aufschreiben.

„Zum Einschlafen zu murmeln"   S. 71

Im Gespräch mit den Kindern kann herausgestellt werden, welche Rituale sie zu Hause vor dem Einschlafen pflegen. Anschließend wird das Zimmer verdunkelt und die Lehrerin liest das Gedicht gestaltend vor.

Die Kinder üben, das Gedicht dem Inhalt entsprechend vorzutragen.

Kopiervorlage 25 Seite 70

„Winterschlaf"   S. 72/73

In vielen Gärten halten Igel Winterschlaf. Ihre Körpertemperatur und damit ihr Grundumsatz wird im Schlaf auf ein Minimum gesenkt. So kommen sie monatelang ohne Nahrung aus. Nur wenn es zu kalt wird, steigt die Körpertemperatur kurzfristig an, damit die Tiere nicht erfrieren. Werden Igel im Winter öfter geweckt, reicht ihre im Herbst angefressene Fettschicht nicht aus, sie verhungern. In der Geschichte von Tina und Tom werden diese Tatsachen aufgegriffen. Nach dem Lesen des Textes beantworten die Kinder die gestellten Fragen.

Sachinformationen über den Igel entnehmen die Kinder aus dem Text auf Seite 73.

Zum Abschluss kann man die beiden Texte miteinander vergleichen. Die linke Seite beinhaltet einen epischen Text. Die rechte Seite zeigt einen Sachtext.

Die Übung 4 unter „Die Zwielaute au und äu" auf Seite 78 geht ebenfalls auf das Thema „Winterschlaf der Igel" ein.

Kopiervorlage 26 Seite 71
Kopiervorlage 27 Seite 72

„Der flüsternde Tiger"   S. 74/75

Die Kinder sprechen über Talismane und warum sie manchmal helfen. Anschließend lesen die Kinder den Text. Das Verhalten des Stürmers wird hinterfragt. Es werden Bezüge zu eigenen Erfahrungen hergestellt, z.B.: Wann wird man selbst unsicher?

Das Lösungswort der Übung „Der flüsternde Tiger" auf Seite 79 heißt: *TIGER*.

Traumzauberbaum

Vorlagen für Verbformen

ich	du	er/sie/es
ich gehe	*du gehst*	*sie geht*
	du spielst	
		er singt
ich rede		

wir	ihr	sie
wir gehen	*ihr geht*	*sie gehen*
		sie spielen
	ihr singt	
wir reden		

❶ Trage die fehlenden Verben in der richtigen Form ein.

❷ Du kannst noch eigene Verben eintragen.

Die kleine Maus

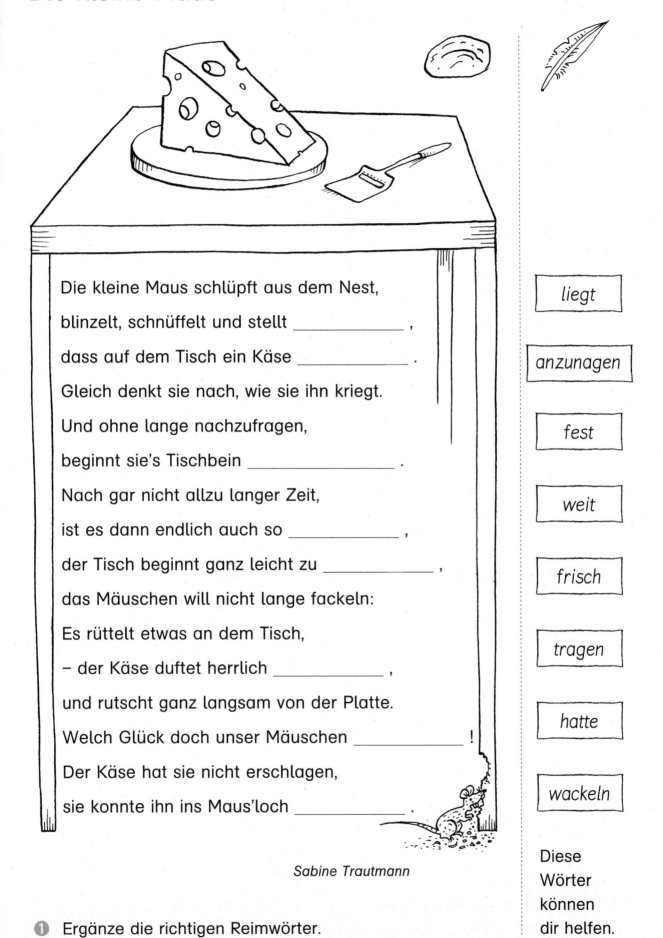

Die kleine Maus schlüpft aus dem Nest,

blinzelt, schnüffelt und stellt _____ ,

dass auf dem Tisch ein Käse _____ .

Gleich denkt sie nach, wie sie ihn kriegt.

Und ohne lange nachzufragen,

beginnt sie's Tischbein _____ .

Nach gar nicht allzu langer Zeit,

ist es dann endlich auch so _____ ,

der Tisch beginnt ganz leicht zu _____ ,

das Mäuschen will nicht lange fackeln:

Es rüttelt etwas an dem Tisch,

– der Käse duftet herrlich _____ ,

und rutscht ganz langsam von der Platte.

Welch Glück doch unser Mäuschen _____ !

Der Käse hat sie nicht erschlagen,

sie konnte ihn ins Maus'loch _____ .

Sabine Trautmann

liegt

anzunagen

fest

weit

frisch

tragen

hatte

wackeln

Diese
Wörter
können
dir helfen.

❶ Ergänze die richtigen Reimwörter.

Differenzierungsdiktate

Nachtträume

Timo erzählt in der Schule von seinem Traum.

Er wohnte bei einem Wiesel.

Mit ihm konnte er reden, singen und spielen.

Die Lehrerin und die Kinder lachen laut.

Nun möchte jeder seinen Traum erzählen.

❶ Übe den Text als Diktat.   *(35 Wörter)*

Nachtträume

Timo erzählt in der Schule, was er letzte Nacht geträumt hat.

Er wohnte bei einem Wiesel. Mit ihm konnte er

reden, singen und spielen. Das Wiesel freute sich.

Die Lehrerin und die Kinder müssen laut lachen.

„Wer möchte auch seinen Traum erzählen?", fragt die Lehrerin.

❶ Übe den Text als Diktat.   *(46 Wörter)*

1. Tipp: Die umrahmten Wörter sollten dem Kind vorgegeben werden.
Diese können auf ein Blatt oder an die Tafel geschrieben
werden.
2. Tipp: Viele Wörter stehen in der Wörterliste. Diese kann am Ende für
zwei Minuten zum eigenen Nachschlagen und Prüfen der Wörter
genutzt werden.
3. Tipp: Wörtliche Rede ansagen bzw. Anführungszeichen anschreiben.

Wovon Tiere träumen

1 Weißt du, was die Tiere träumen?
Lies vor.

Wisst ihr, was die Bienen träumen
in ihrem Bienenhaus?

Wisst ihr, was die Frösche träumen
im Mondschein am See?

Wisst ihr, was die Vögel träumen
in ihrem weichen Nest?

Sie träumen, dass jeder
auf dieser Welt
sie für die besten Sänger hält.

Sie träumen vom Sommer
und vom Sonnenschein,
von Würmern und von Käferlein.

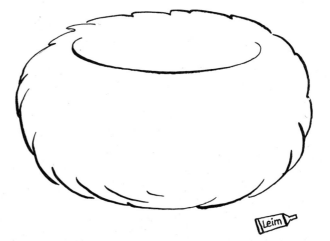

Sie träumen von Blumen
und Honigduft
und wie sie fliegen in warmer Luft.

2 Ordne den Fragen die richtigen Antworten zu.

3 Klebe sie zusammen in die Tierumrisse ein.

Noch mehr vorm Einschlafen zu sprechen

Hier sind zwei Gedichte durcheinander geraten:

Schlaf, mein Kindlein, süß.

Mach die Äuglein zu, mein Kind.

Ich wieg dich mit den Füß.

Draußen weht ein schlimmer Wind.

Ich wieg dich mit dem gelben Schuh.

Will das Kind nicht schlafen ein,

bläst er in das Bett hinein.

Kindlein, mach die Augen zu.

1 Unterstreiche die Reimwörter. Was stellst du fest?
2 Schreibe die Gedichte getrennt auf.
3 Du kannst ein Gedicht auf diese Wolke schreiben.

Die Igel

Text: Michael Milde
Melodie: Hans Sandig

1. I - gel - va - ter, I - gel - mut - ter su - chen für die Kin - der Fut - ter
hin - ter un-serm Gar - ten - haus; ach, wie sehn sie nied-lich aus.

2. Schnüffeln hier und rappeln dort,
schleppen alles mit sich fort.
Und die Igelkinder warten
hinterm Haus in unserem Garten.

3. Später hört man's leise patschen,
kleine Igelpfoten matschen
in der Abfallkiste dort,
ist der schönste Igelhort.

4. Sind dann alle Igel satt,
trippeln sie durch Busch und Blatt
heimwärts in den Igelbau:
Igelkinder, Mann und Frau.

❶ Du kannst das Lied lernen.
❷ Male zu den Strophen Bilder.

71

Winterschlaf

1. Lies noch einmal den Sachtext auf Seite 73.
2. Beantworte die Fragen in Sätzen.

Wo halten Igel gern ihren Winterschlaf?

Womit polstern Igel ihre Schlafplätze aus?

Was fressen Igel?

Warum soll man Igel nicht in der Wohnung überwintern lassen?

Was weißt du noch über Igel?

Kapitel 4 – Erleben und Beschreiben

Erleben und
Beschreiben

Einleitende Worte

Die sinnlichen Erfahrungsmöglichkeiten von Kindern beschränken sich heute in erster Linie auf das Sehen und Hören. „Lernen mit allen Sinnen" ist deshalb ein wesentlicher Bestandteil der Grundschuldidaktik. In dem Kapitel geht es darum, Sinneserfahrungen wie Tasten, Hören und Schmecken mit einzubeziehen und ausführlicher zu thematisieren.

Darüber hinaus regt das Kapitel zu Naturbeobachtungen und -beschreibungen (z. B. Eichhörnchen) an.

Lerninhalte und Ziele:

Die Kinder
- lernen den Begriff „Wortfeld" und seine Bedeutung kennen,
- bilden aus Satzgliedern Sätze,
- lernen die Wortart „Adjektiv" kennen,
- üben Wörter mit D/d am Wortanfang,
- üben Wörter mit P/p am Wortanfang,
- können Sätze mit Hilfe passender Adjektive verlängern,
- lernen eine einfache Gedichtform kennen,
- ordnen eine Vorgangsbeschreibung.

Kapitelauftaktseite

Als Einstieg kann eine „Straße der Sinne" aufgebaut werden.

Folgende Stationen sind u. a. denkbar:
- Fühlkästen: Kartons werden bemalt oder beklebt. In die Vorderseite wird ein Loch geschnitten.
- Schnupperdosen: Filmdosen werden mit Watte ausgestopft, dann Gewürze, Kräuter und Parfüm etc. hinzugefügt.
- Hörmemory: Je zwei verschließbare Dosen werden mit gleichen Dingen gefüllt (Steine, Linsen, Sand usw.). Die Kinder müssen die Pärchen zuordnen.
- Schmeckstation: Die Kinder schmecken Lebensmittel mit verbundenen Augen.
- Sehstation: Bilder mit optischen Täuschungen betrachten (erhältlich im Gesundheitsamt).

Fächerübergreifende Anregungen

Es kann gemeinsam gekocht und gebacken werden. Im Sachunterricht werden sowohl Erkenntnisse über die eigenen Sinne gesammelt, als auch Tierbeobachtungen in der freien Natur durchgeführt.

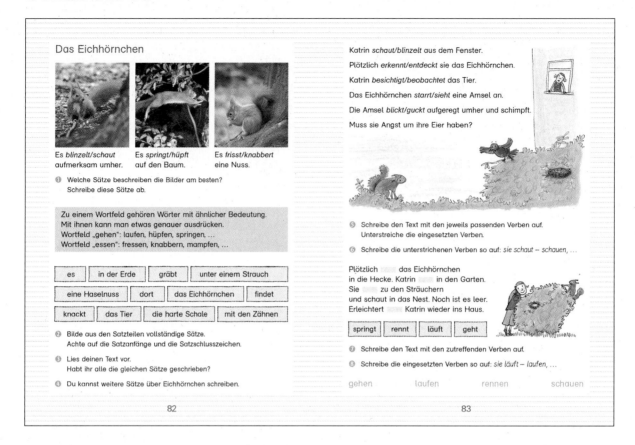

Das Eichhörnchen

Es *blinzelt/schaut* aufmerksam umher.

Es *springt/hüpft* auf den Baum.

Es *frisst/knabbert* eine Nuss.

① Welche Sätze beschreiben die Bilder am besten? Schreibe diese Sätze ab.

Zu einem Wortfeld gehören Wörter mit ähnlicher Bedeutung. Mit ihnen kann man etwas genauer ausdrücken.
Wortfeld „gehen": laufen, hüpfen, springen, …
Wortfeld „essen": fressen, knabbern, mampfen, …

es	in der Erde	gräbt	unter einem Strauch
eine Haselnuss	dort	das Eichhörnchen	findet
knackt	das Tier	die harte Schale	mit den Zähnen

② Bilde aus den Satzteilen vollständige Sätze. Achte auf die Satzanfänge und die Satzschlusszeichen.

③ Lies deinen Text vor. Habt ihr alle die gleichen Sätze geschrieben?

④ Du kannst weitere Sätze über Eichhörnchen schreiben.

82

Katrin *schaut/blinzelt* aus dem Fenster.
Plötzlich *erkennt/entdeckt* sie das Eichhörnchen.
Katrin *besichtigt/beobachtet* das Tier.
Das Eichhörnchen *starrt/sieht* eine Amsel an.
Die Amsel *blickt/guckt* aufgeregt umher und schimpft.
Muss sie Angst um ihre Eier haben?

⑤ Schreibe den Text mit den jeweils passenden Verben auf. Unterstreiche die eingesetzten Verben.

⑥ Schreibe die unterstrichenen Verben so auf: *sie schaut – schauen, …*

Plötzlich ▢ das Eichhörnchen in die Hecke. Katrin ▢ in den Garten. Sie ▢ zu den Sträuchern und schaut in das Nest. Noch ist es leer. Erleichtert ▢ Katrin wieder ins Haus.

| springt | rennt | läuft | geht |

⑦ Schreibe den Text mit den zutreffenden Verben auf.

⑧ Schreibe die eingesetzten Verben so auf: *sie läuft – laufen, …*

gehen   laufen   rennen   schauen

83

Lernziele – Seite 82
Die Kinder
• sprechen über Tierbeobachtungen,
• können Sätze mit unterschiedlichen Verben eines Wortfeldes Bildern zuordnen,
• lernen den Begriff „Wortfeld" anhand der Verben „gehen" und „essen" kennen,
• wenden ihre Kenntnisse über Satzanfänge und Satzschlusszeichen beim Bilden von Sätzen aus Satzgliedern an,
• können Sätze vergleichen und erste Erfahrungen mit Satzgliedumstellungen machen.

Lernziele – Seite 83
Die Kinder
• sind in der Lage, passende Verben aus einem Wortfeld auszuwählen,
• können einen Lückentext mit entsprechenden Verben aus einem Wortfeld ergänzen,
• wiederholen das Bilden von Personalform und Grundform der Verben.

Lernwörter
• gehen, laufen, rennen, schauen

Hinweise und Anregungen zur Unterrichtsgestaltung

Seite 82
Methodische Umsetzung

Der Einstieg kann über ein Gespräch zu Tierbeobachtungen erfolgen. Unterstützend können dazu verschiedene Tierbilder (Poster, Postkarten, Bücher) mitgebracht werden. Dabei werden die Sätze der Kinder unter die Bilder geschrieben, in denen ein besonders treffendes Verb verwendet wurde. Anschließend werden die Bilder im Buch besprochen. Die Lehrerin sollte auch hier darauf achten, dass das Dargestellte so treffend wie möglich beschrieben wird. Der Text unter den Bildern wird nun von einem Kind vorgelesen. Es kann sich bereits für ein Verb entscheiden.

Bezugnehmend darauf wird der Merksatz gelesen. Gemeinsam können mit den Kindern weitere Verben zu den Wortfeldern „gehen" und „essen" gefunden werden.

In Vorbereitung auf die Aufgaben 2 bis 4 sitzen die Kinder im Kreis. Auf dem Boden liegen Papierstreifen mit folgenden Satzteilen:

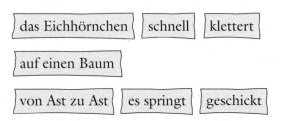

Die Kinder bilden Sätze, spielen dabei mehrere Möglichkeiten durch und kommen vorpropädeutisch mit der Umstellprobe in Berührung. Man einigt sich auf jeweils eine Möglichkeit. Der Satzanfang wird verbessert, das Satzschlusszeichen gesetzt. Ggf. wird auf der Rückseite das erste Wort großgeschrieben.

Alternativen und Differenzierungen

Die Kinder können weitere Sätze über Eichhörnchen schreiben. Den Kindern sollten dazu Tierbücher oder Kinderlexika zur Verfügung gestellt werden. So kann ein kleines Buch mit Bildern, Informationen, kurzen Sachtexten oder Geschichten entstehen.

....

Arbeitsheft   Seite 20

....

Kopiervorlage 28 Seite 86
Kopiervorlage 33 Seite 91

....

Seite 83
Methodische Umsetzung

Der Text wird gemeinsam gelesen. Im anschließenden Gespräch muss geklärt werden, dass Eichhörnchen Vogeleier fressen, die Angst der Amsel also durchaus berechtigt ist. Die Bearbeitung der Aufgaben 5 und 6 erfolgt in Einzelarbeit.

Falls die Kinder bei Aufgabe 7 andere Verben als die vorgegebenen verwenden, sollte das unterstützt werden, wenn diese treffend sind. Um die Rechtschreibung zu sichern, kann ein Wörterbuch zur Verfügung stehen. Anschließend werden die Möglichkeiten von den Kindern vorgelesen.

Die Aufgabe 8 kann als Hausaufgabe erledigt werden.

Bezüge zum Übungsteil

Umfangreiche Übungen sind auf Seite 100 unter „Wortfelder" zu „sehen", „gehen" und „sprechen" zu finden. Die Aufgaben 2 und 5 können jeweils als Hausaufgabe gestellt werden. Die beiden Abschnitte der Lückentexte ergeben einen Gesamttext.

Fächerübergreifende Anregungen

Das Thema „Eichhörnchen" kann im Rahmen des Sachunterrichts unter der Rubrik „Tiere des Waldes" besprochen werden.

Der Film „Perry" von Walt Disney (1957) ist geeignet, das Thema emotional und sachlich zu vertiefen.

Literaturtipp

* „Das Eichhörnchen" von Pierre de Hugo, Bibliografisches Institut
  ISBN 3-411-09551-2
* „Die Geschichte von Eichhörnchen Nusper" von Beatrix Potter, Sauerländer Verlag
  ISBN 3-7941-4982-3
* „Felix, das pfiffige Eichhörnchen" von Elisabeth Wagner, Klanggeschichten und Lieder für Kinder, Don Bosco Verlag
  ISBN 3-7698-1100-3

....

Arbeitsheft   Seite 20

....

Kopiervorlage 29 Seite 87

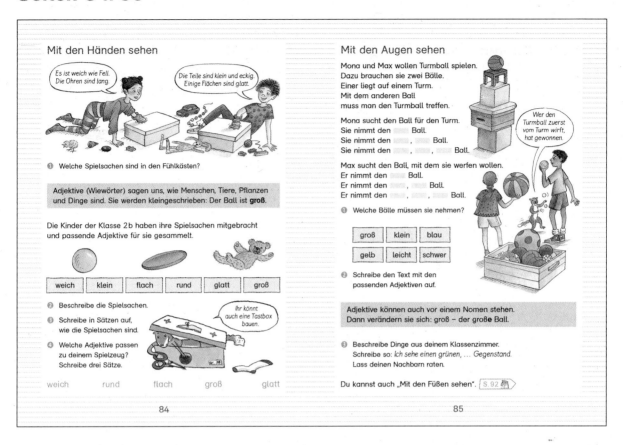

Lernziele – Seite 84

Die Kinder

- erfassen Beschreibungen inhaltlich und können die beschriebenen Dinge benennen,
- lernen die Wortart „Adjektiv" und ihre Bedeutung kennen,
- wissen, dass Adjektive klein geschrieben werden,
- können Spielsachen mit Hilfe von Adjektiven treffend beschreiben,
- schreiben Ist-Sätze mittels Adjektiven,
- finden zu eigenen Spielsachen passende Adjektive und können sie mit deren Hilfe beschreiben.

Lernwörter:

- weich, rund, flach, groß, glatt

Lernziele – Seite 85

Die Kinder

- lernen die Spielregeln eines Ballspieles kennen,
- können passende Adjektive in einen Lückentext einsetzen,
- erfassen die Formveränderung von Adjektiven, wenn sie vor Nomen stehen,
- können Sätze mit Hilfe von Adjektiven verlängern,
- beschreiben Dinge im Klassenraum unter Verwendung von Adjektiven,
- erraten Gegenstände durch Beschreibungen.

Hinweise und Anregungen zur Unterrichtsgestaltung

Seite 84
Methodische Umsetzung

In Tastboxen (alternativ: Tastsäckchen) werden eindeutig zu erfühlende Spielsachen gesteckt. Jeweils ein Kind erfühlt den Inhalt und beschreibt, was es ertastet. Sollten die Kinder Probleme bei der Verwendung von Adjektiven haben, liegen Wortkärtchen mit passenden Adjektiven bereit.

Das Kind, das das Spielzeug richtig errät, darf die nächste Box mit einem Gegenstand/Spielzeug füllen.

Nach Einführung des Begriffs „Adjektiv" wird die Seite weiter bearbeitet. Auf der gesamten Seite werden Adjektive in der ungebeugten Form verwendet. Die Kinder schreiben nun einen Satz zu einem ausgewähltem Spielzeug mit dem passenden Adjektiv.

Die Aufgaben 3 und 4 zielen auf das Schreiben ganzer Sätze ab. Neben den Lernwörtern wird die Schreibung der Wörter „ist" und „und" automatisiert.

Alternativen und Differenzierungen

Die Kinder können Rätsel zu ihren Spielsachen schreiben und Mitschüler raten lassen. Die Beschreibungen werden an einer Pinnwand gesammelt. Adjektive, die zu bestimmten Spielsachen passen, werden dazu aus Wörterbüchern herausgesucht.

Folgendes Kim-Spiel könnte im Vorfeld durchgeführt werden. Verschiedene Spiel- oder Schulsachen werden von den Kindern aufgestellt, genau angeschaut, eingeprägt und dann abgedeckt. Wer kann die meisten Dinge nennen?

Fächerübergreifende Anregungen

Die Subjektivität der Wärmeempfindung kann im Sachunterricht verdeutlicht werden, indem man Temperaturen erfühlen lässt: Die Finger werden zunächst in kalte, dann in warme Flüssigkeiten getaucht, anschließend wird der Vorgang noch einmal umgekehrt durchgeführt.

....

Arbeitsheft Seite 21

....

Seite 85
Methodische Umsetzung

Der Buchtext erklärt das Spiel „Turmball". Es muss den Kindern klar werden, dass der kleinere Wurfball schwerer als der größere Turmball sein muss. Nur mit diesem Wissen können die Lückentexte inhaltlich sinnvoll ergänzt werden.

Die abgebildeten Bälle sollen als Hilfestellung beim Ergänzen der fehlenden Adjektive dienen. Die Lehrerin führt die Kinder zu der Erkenntnis, dass die eingefügten Adjektive sich in ihrer Form verändert haben. Anschließend fasst der Merksatz die gewonnenen Erkenntnisse zusammen.

Dass Adjektive gebeugt werden müssen, wissen Kinder, deren Muttersprache Deutsch ist, intuitiv. Kinder nicht-deutscher Muttersprache müssen dies explizit lernen und die Endungen deutlich sprechen. Die betreffenden Kinder sollten bei der Bearbeitung der Aufgaben besondere Hilfestellungen (ggf. durch sprachgewandte Mitschülerinnen) erhalten.

Das Gelernte wird nun von den Kindern in Aufgabe 3 angewendet. Dinge in der Klasse werden mit Hilfe von Adjektiven beschrieben. Die Kinder erfassen hier: Je mehr der Satz durch Adjektive verlängert wird, umso genauer ist die Beschreibung des Gegenstandes.

Leistungsstarke Kinder können die „Rätsel" auch schriftlich verfassen.

Ein weiteres ähnliches Ratespiel bietet die Kopiervorlage an.

Bezüge zum Lese- und Übungsteil

Der Text „Mit den Füßen sehen" von Hanneliese Schulze auf den Seiten 92/93 gibt weitere Anregungen für die „Straße der Sinne". Das Lesestück „Spuk in der Speisekammer" auf Seite 98 enthält viele Adjektive.

Die Übungen „Adjektive" auf der Seite 101 greifen diese Wortart nochmals auf.

Fächerübergreifende Anregungen

Das Spiel „Turmball" könnte zuvor im Sportunterricht durchgeführt werden.

....

Arbeitsheft Seite 21

....

Kopiervorlage 30 Seite 88

....

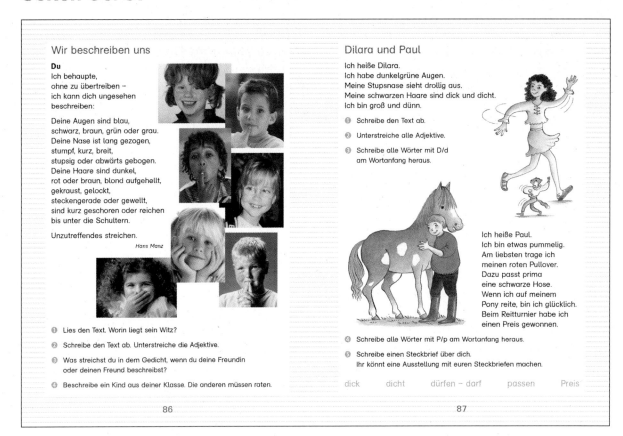

Lernziele – Seite 86

Die Kinder

- lernen ein Gedicht von Hans Manz kennen und erfassen den Leitgedanken des Textes,
- können mit Hilfe der Gedichtvorlage ein Kind beschreiben,
- verfassen mit Hilfe des Gedichtes eine Personenbeschreibung,
- lernen Adjektive, die für Personenbeschreibungen nützlich sind, kennen,
- können gezielt Adjektive bei einer Personenbeschreibung verwenden.

Lernziele – Seite 87

Die Kinder

- erfassen inhaltlich eine Personenbeschreibung,
- wenden die Abschreibtechnik an,
- können Adjektive herausfinden,
- schreiben Wörter mit D/d und P/p am Wortanfang aus einem Text heraus,
- können nach Textvorgaben einen eigenen Steckbrief schreiben.

Lernwörter

- dick, dicht, dürfen – darf, passen, Preis

Hinweise und Anregungen zur Unterrichtsgestaltung

Seite 86
Methodische Umsetzung

Die Lehrerin bringt zwei Abbildungen von sehr verschieden aussehenden Personen mit (auch Figuren aus der Literatur sind möglich). In Gruppen finden die Kinder Adjektive, die diese Personen näher beschreiben.

Die Lehrerin trägt anschließend das Gedicht vor. Die Kinder äußern sich zum Inhalt und erfassen den Leitgedanken des Textes. Sie erkennen, dass das Gedicht auf jeden zutreffen kann, wenn man entsprechende Wörter weglässt oder hervorhebt.

Ein Kind wird nun in den Gesprächskreis geholt. Gemeinsam wird besprochen, welche im Gedicht genannten Eigenschaften zu dem Kind passen. Sollte der Gedichttext an der Tafel oder auf einem großen Bogen Papier stehen, könnte Unzutreffendes gestrichen und die übrig gebliebene Beschreibung vorgelesen werden.

Die Kinder beschreiben mit Hilfe des Gedichts ein Kind oder mehrere Kinder ihrer Wahl. Die anderen Kinder müssen raten, welches Kind beschrieben wird.

Alternativ könnte die Lehrerin durch eine immer genauere Beschreibung den Kreis der möglichen Kinder immer mehr einschränken:
Alle Kinder mit blauen Augen stehen auf.
Alle Kinder mit blauen Augen und blonden Haaren bleiben stehen.
Alle Kinder mit blauen Augen und langen blonden Haaren ...

Hier wiederholen die Kinder noch einmal die Erkenntnis, dass je mehr Adjektive verwendet werden, die Beschreibung des Kindes um so genauer möglich ist.

Leistungsschwache Kinder können den gesamten Text abschreiben und anschließend Unpassendes wegstreichen.

Alternativen und Differenzierungen

Die Kinder können ein Ratespiel zu bekannten Figuren aus der Kinderliteratur durchführen. Dazu sollten zuvor zahlreiche Adjektive zusammengetragen werden.

....

Arbeitsheft   Seite 22

....

Kopiervorlage 31   Seite 89

....

Seite 87
Methodische Umsetzung

Als Einstieg kann das Spiel Dalli-Dalli durchgeführt werden: Jeweils zwei Pärchen spielen gegeneinander. Abwechselnd müssen die zwei Kinder zwei Minuten Wörter mit D/d (P/p) am Wortanfang an die Tafel schreiben.

Die „Gegner" werden vor die Tür oder hinter die Tafel geschickt. Anschließend sind sie an der Reihe. Das Pärchen mit den meisten Wörtern hat gewonnen.

Im Buch geht es u. a. um die Rechtschreibung von D/d bzw. P/p am Wortanfang. Inhaltlich gehen die Texte über die Beschreibungen auf der Vorseite hinaus, da Größe, Figur sowie Vorlieben mit einbezogen werden.

Der Lehrer sollte Hilfen zur Unterscheidung ähnlich klingender Laute am Wortanfang aufzeigen: Wenn man ein D/d spricht, spürt man kaum einen Luftzug an der vor den Mund gehaltenen Hand (im Gegensatz zu T/t), bei P/p spürt man die Luft (im Gegensatz zu B/b).

Während der erste Text abgeschrieben wird, bevor die Adjektive wiederholt und unterstrichen und Wörter mit D/d am Wortanfang herausgesucht werden, müssen im zweiten Text die Wörter mit P/p am Wortanfang nur herausgeschrieben und der Wortanfang markiert werden.

Anschließend können die Kinder mit Hilfe der Vorlagen einen Steckbrief über sich schreiben (Aussehen/Hobby). Diese können im Klassenzimmer ausgehängt werden.

Bezüge zum Lese- und Übungsteil

Das Gedicht „Meins" von Regina Schwarz als Leseanregung zum Thema ist auf Seite 97 zu finden.

Auf Seite 102 sind unter „Wörter mit P/p und D/d" Übungen zu D/d und P/p am Wortanfang zu finden. Im Diktat auf Seite 101 liegt der Schwerpunkt auf der Schreibung der Körperteile. Ferner spielen Adjektive eine Rolle.

Fächerübergreifende Anregungen

In Kunst können die Kinder Porträts von sich oder ihren Mitschülern zeichnen.

....

Arbeitsheft   Seiten 22/23

....

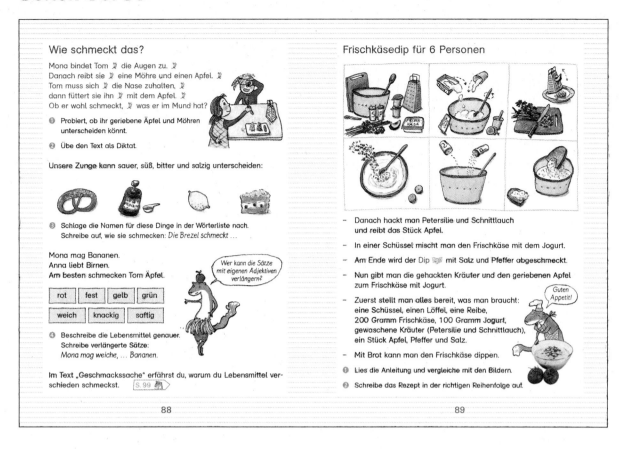

Lernziele – Seite 88

Die Kinder

- lesen sinnerfassend einen Text und setzen ihn in eine Handlung um,
- wenden die Technik des Übens eines Diktates an,
- können Wörter in der Wörterliste nachschlagen,
- schreiben Sätze unter Verwendung von Adjektiven,
- können Sätze mit Hilfe passender Adjektive verlängern.

Lernziele – Seite 89

Die Kinder

- können zu Bildern einen Vorgang beschreiben,
- können eine Vorgangsbeschreibung handelnd nachvollziehen,
- wenden die Technik des Nachschlagens im Leselexikon an,
- ordnen Sätze den entsprechenden Bildern zu,
- schreiben ein Rezept geordnet auf.

Hinweise und Anregungen zur Unterrichtsgestaltung

Seite 88
Methodische Umsetzung

Zuerst wird gemeinsam der Text gelesen. Die Kinder stellen Vermutungen über die richtige Antwort auf die Frage im Text an.

Auf dem Tisch liegen Äpfel und Möhren. Die Kinder arbeiten nun in Gruppen. Einige reiben Äpfel und Möhren, andere binden den Kindern, die kosten werden, die Augen zu. Die „Testpersonen" halten sich die Nase zu und werden gefüttert. Können sie erraten, was sie gerade essen? Anschließend wird mit den Kindern über das Ergebnis gesprochen.

Die meisten Menschen können bei zugehaltener Nase nicht feststellen, was sie gerade essen. Den Kindern ist dies aber nicht bewusst.

Beim Üben des Diktates wenden die Kinder die ihnen bekannte Technik von Seite 15 an. Die Zunge kann nur vier Geschmacksrichtungen unterscheiden. Nachdem geklärt wurde, welche Abbildungen das Buch zeigt und wie diese Dinge schmecken, schlagen die Kinder die entsprechenden Wörter in der Wörterliste nach und schreiben Sätze.

Die Kinder beschreiben, was sie gerne oder am liebsten essen. Genauere Nachfragen ergaben, dass einige Kinder z. B. helle Schokolade lieber mögen als dunkle.

Anschließend wird Aufgabe 4 bearbeitet.

Alternativen und Differenzierungen

Die Aufgabe 4 könnte nach der Anregung von Piri in ein Spiel überleiten. Der Lehrer kann dazu die zu beschreibenden Dinge vorgeben. Diese können aber auch von den Kindern selbst gewählt werden.

Bezüge zum Leseteil

Die Geschichte auf der Seite 98 „Spuk in der Speisekammer" kann in Verbindung zum Thema „Was ich am liebsten esse oder trinke" gelesen werden. Auf der Seite 99 des Leseteils wird nochmals gezielt auf die vier Geschmacksrichtungen eingegangen.

....

Arbeitsheft   Seite 24

....

Kopiervorlage 32   Seite 90

....

Seite 89
Methodische Umsetzung

Die Lehrerin bringt die beschriebenen Zutaten und Küchengeräte mit und lässt die Kinder vermuten, was man daraus herstellen kann.

Vor dem Unterricht sollten außerdem Brote, Knäckebrot oder Gemüsesticks bereitgestellt werden.

Anhand der Bilder beschreiben die Kinder, was getan werden soll. Die einzelnen Handlungsschritte müssen verbalisiert werden. Erst dann wird der Text im Buch gelesen und das Wort „Dip" im Leselexikon nachgeschlagen. Nun ordnen die Kinder die Sätze den entsprechenden Bildern zu und übertragen das Rezept in das Heft. Um einen Anreiz für das Aufschreiben des geordneten Rezepts zu geben, könnten die abgeschriebenen Texte illustriert und zum Schutz in Klarsichthüllen gesteckt werden.

Der Frischkäsedip sollte möglichst in Gruppen hergestellt werden. Das Rezept reicht für jeweils 4 bis 6 Kinder.

Alternativen und Differenzierungen

Der Dip kann auch zuerst gemeinsam hergestellt werden. So prägt sich die Reihenfolge der einzelnen Arbeitsschritte am besten ein. Erst nach dem gemeinsamen Essen schreiben die Kinder das Rezept für ihre Eltern in der richtigen Reihenfolge auf.

Die Kinder können ein Rezeptbüchlein anlegen, Rezepte austauschen, schreiben und an der Pinnwand sammeln. Es bieten sich außerdem viele Abwandlungsmöglichkeiten für das Rezept an.

Fächerübergreifende Anregungen

Im Sachunterricht kann im Leseteil Seite 99 der Text „Geschmackssache" gelesen werden. Danach können weitere Geschmacksversuche durchgeführt werden: Wo schmeckt man ein Stück Zucker? usw.

Mit den Kindern könnten auch Petersilie, Kresse und Schnittlauch ausgesät und gezogen werden.

....

Arbeitsheft   Seite 25

....

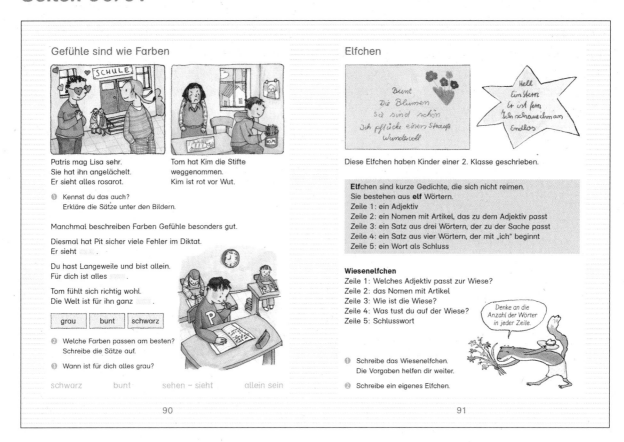

Lernziele – Seite 90

Die Kinder
- äußern sich über eigene Gefühle und über die Gefühle anderer,
- beschreiben Gefühle,
- können (ihren) Stimmungen Farben zuordnen,
- beschreiben Stimmungen durch Farben.

Lernwörter:
- schwarz, bunt, sehen – sieht, allein sein

Lernziele – Seite 91

Die Kinder
- lernen eine neue, noch unbekannte Gedichtform kennen,
- erkennen, dass sich Gedichte nicht reimen müssen, aber immer eine bestimmte äußere Form haben,
- lernen die Anleitung zum Verfassen von Elfchen kennen und umsetzen,
- verfassen ein Elfchen zu einem festgelegten Thema,
- verfassen ein Elfchen zu einem eigenen Thema.

Seite 90
Methodische Umsetzung

Die Lehrerin beschreibt zwei Situationen/ Stimmungen:

- *Es ist Frühling. Ringsherum blüht es.*
- *Heute ist ein sonniger Tag. Kein Wölkchen ist am Himmel zu sehen.*

Die Kinder werden angeregt über Ähnliches zu erzählen. Dazu könnte die Lehrerin verschiedenfarbige Tücher/Stoffe bereitlegen.

Die Kinder sollen immer zu ihrer Gefühlsstimmung eine Farbe wählen. Nun fällt es ihnen sicherlich auch nicht schwer den beiden vorgegebenen Beispielen Farben zuzuordnen (grün/hellgrün/orange/gelb ... und blau/hellblau/gelb).

Die Bilder, die nun im Anschluss im Buch betrachtet werden, stellen nun noch konkretere Gefühlsbewegungen dar. Beide Situationen dürften den Kindern bekannt sein. Einige haben vielleicht schon ähnliche Erfahrungen gesammelt.

Auf den Inhalt der Aufgabe 2 wird kurz eingegangen, bevor die Kinder diese selbstständig bearbeiten.

Abschließend werden die Kinder aufgefordert, Adjektive zu suchen, die zur Farbe grau passen. Diese werden an der Tafel notiert:
traurig, langweilig, müde, unglücklich usw.

Alternativen und Differenzierungen

Die Kinder legen ein Gefühlstagebuch an. Darin notieren sie ihre Gefühle und den Grund dafür.

Zu Musik malen die Kinder Gefühlsstimmungen in bestimmten Farben und Formen. Diese meist ungegenständlichen Bilder können zu einem Gefühlstagebuch zusammengestellt werden.

Fächerübergreifende Anregungen

In Kunst ist es möglich, Gefühlsbilder in bestimmten Farben zu malen, nachdem man geeignete Bilder aus der Kunstgeschichte betrachtet und besprochen hat. Gut geeignet sind dafür z.B. Picassos blaue und rosa Phase, aber auch der Zyklus Tunisreise von Paul Klee oder Werke von August Macke.

Literaturtipp

Als Anregung kann das Bilderbuch „Gefühle sind wie Farben" von Aliki Brandenberg, Beltz & Gelberg, 1987 gelesen werden.

Seite 91
Methodische Umsetzung

An der Tafel steht ein Beispiel für ein Elfchen:

Alt

Der Mann

Er ist freundlich

Ich lache ihn an

Freude

Anhand des Beispiels und mittels Stützfragen wird der Aufbau des Elfchens zusammen an der Tafel erarbeitet. Die Struktur der Elfchen können die Kinder anhand der beiden Beispiele im Buch nachvollziehen. Danach werden zur Verinnerlichung die Anweisungen im Buch gelesen.

In Aufgabe 1 sollen die Kinder ein Wieselelfchen schreiben. Als Hilfe werden im Buch Vorgaben für jede Zeile angeboten. Anschließend werden die Elfchen einander vorgelesen.

Alternativen und Differenzierungen

Weitere Elfchen ohne Vorgaben schreiben die Kinder vor allem dann gern, wenn sie den Computer einsetzen dürfen. Da die Texte kurz sind, dauert das Tippen wenige Minuten. Anlässe zum Verfassen von Elfchen gibt es genügend. So können die Kinder z.B. zum Muttertag ein selbst verfasstes Elfchen verschenken.

In Schreiberziehung sollte außerdem die Anordnung des Textes geübt werden.

Elfchen lassen sich auch gut auf flache größere Steine schreiben. Legt man dann eine „Wiese" in einem Karton oder auf einem Fensterbrett an, sehen die Steine darauf besonders schön aus.

....

Arbeitsheft   Seite 26
....

Leseseiten

Mit den Füßen sehen   S. 92/93

Der Text gibt Anregung für eine Station der „Straße der Sinne".

Bereits Kinderfüße stecken den ganzen Tag in Schuhen. Wir wissen gar nicht mehr, dass und wie man etwas mit den Füßen ertasten kann. Um die Sinne zu aktivieren, sollen die Kinder mit geöffneten Augen durch Kartons laufen. Das gleichzeitig Gesehene und Gefühlte soll dabei verbalisiert werden.

Danach werden die Kinder mit geschlossenen Augen durch die Kisten geführt. Sie erkennen, dass die Zuordnung nun viel schwieriger ist. Auch hier sollte darüber gesprochen werden, was gefühlt wird. Mögliche Wahrnehmungsunterschiede der Kinder können thematisiert werden.

Außerdem sind Fußgymnastik und Zehengreifübungen zum Training der Fußmuskulatur möglich. So lernen die Kinder ihren Körper kennen und beherrschen.

In diesem Zusammenhang kann auch über Behinderungen gesprochen werden.

Um den Tastsinn der Fingerspitzen anzuregen, werden in Schraubdeckel von Gläsern verschiedene Materialien (Leder, Netz, Samt, Wellpappe ...) geklebt.

Literaturtipp

„Mit allen Sinnen" aus Basteln – Spielen – Sinne entdecken, erschienen im Christophorus Verlag ISBN 3-419-52837-X.

....

Kopiervorlage 33   Seite 91

....

Was mein Körper alles kann   S. 93

Das Gedicht kann gelesen und später frei gesprochen werden. Beim Vortragen könnte jeweils auf die entsprechenden Körperteile gezeigt werden.

Die Kinder können auch ihre Körperumrisse auf große Packpapierbögen zeichnen und dann ihre Körperteile beschriften.

Zur Wiederholung von Nomen und Verben können aus dem Gedicht die Körperteile und die dazugehörenden Tätigkeiten benannt oder herausgeschrieben werden. Mit den Wörtern könnte auch ein Memory-Spiel angefertigt werden:

| die Augen | sehen |
| die Ohren | hören | usw.

Das Lied „Head and Shoulders" kann gesungen werden.

Heute geh .../Wie die Tiere ...   S. 94/95

Die Doppelseite bildet eine thematische Einheit.

Auf der linken Seite wird die Wahrnehmung lyrisch umschrieben. Nach Lesen des Gedichts sagen die Kinder, was sie mit ihren Sinnesorganen alles tun können. Dabei nehmen sie ihre Umgebung ganzheitlich wahr. Ein Erzählball wird jeweils weitergegeben.

Die Lehrerin beginnt:

Heute geh ich aus dem Haus
in die weite Welt hinaus.
Will mit meinen Augen sehen,
wie in den Bäumen
die Vögel träumen.

Der jeweils Nächste beginnt immer mit den Worten:

Will mit meinen/meiner ...
wie ...

Dabei ist unerheblich, ob sich irgendetwas reimt.

Helme Heine wurde am 4.4.1941 in Berlin geboren und lebt heute in Neuseeland. Nach dem Studium der Wirtschaftswissenschaften und Kunst ging er auf Weltreise und gründete u. a. ein Kabarett in Südafrika. Seinen Durchbruch als Autor und Illustrator hatte er 1982 mit dem Bilderbuch „Freunde", für das er viele nationale und internationale Preise erhielt.

Die rechte Seite umfasst Sachtexte, zu denen gezielt Fragen gestellt werden können. Unter anderem ist ein Verweis auf das Leselexikon mit dem Begriff „Bienenstock" enthalten.

Ferner werden die Kinder zu konkreten Beobachtungen aufgefordert. Die Kinder erkennen, dass Tiere in verschiedenen Bereichen viel sensiblere Sinneswahrnehmungen haben als Menschen. Dabei können die Kinder vom Verhalten ihrer Haustiere erzählen und was sie dabei erstaunt.

Auf der Übungsseite 103 können Lückentexte zu diesen Lesestücken bearbeitet werden.

Leseseiten

Sascha   S. 96

Die Geschichte beruht auf einer wahren Begebenheit.

Die Kinder berichten über eigene Erfahrungen mit behinderten Menschen. Gemeinsam wird überlegt, wie man ihnen helfen kann. Man kann ihnen z. B. über die Straße helfen oder einen Sitzplatz in Verkehrsmitteln anbieten.

Der Text greift die Problematik auf, dass viele Menschen Schwierigkeiten im Umgang mit Behinderten haben. Gerade weil man alles richtig machen will, macht man vieles falsch. Deshalb sollte man sich in der Regel so normal wie möglich verhalten.

Meins   S. 97

Dieses kurze Gedicht von Regine Schwarz soll den Kindern Selbstbewusstsein über ihren Körper vermitteln. Die Kinder sollen sich mögen, wie sie sind. Sie sollen zum einen lernen verantwortlich zu handeln, zum anderen in der Lage sein, Grenzen nach außen zu setzen. Dieser Aspekt ist ganz wesentlich, damit Kinder sich vor Gewalt (einschließlich sexuellen Übergriffen) zu schützen wissen.

Spuk in der Speisekammer   S. 98

Die Geschichte erzählt von einem Mädchen (Larissa), das heimlich die von der Mutter für Vaters Geburtstag gebackenen Kekse aufisst. Damit es nicht sofort auffällt, isst Larissa täglich nur einen Keks. Als das Naschen bekannt wird, behauptet sie, ein Gespenst habe die Kekse stibitzt. Mutter backt neue Kekse und schlägt die Tochter dabei mit ihren eigenen Waffen, indem sie dem vermeintlich hungrigen Gespenst nahrhaftes Brot hinstellt. In der Geschichte verwendet Ingrid Uebe zahlreiche Adjektive (süß, braun, knusprig, groß, schlau, leise, leer, neu, furchtbar). Auf diese Adjektive kann im Zusammenhang mit der Einführung dieser Wortart Bezug genommen werden.

„Geschmackssache"   S. 99

Die Zunge und die Nase bilden das Geschmacksorgan. Mittlerweile haben Wissenschaftler festgestellt, dass die einzelnen Bereiche der Zunge in Verbindung zueinander stehen und sich gegenseitig beeinflussen. Dieses Zusammenspiel ist aber so komplex, dass es Zweitklässler nicht erfassen können. Daher wird der dargestellte Inhalt so reduziert, dass auch Kinder dieser Altersstufe ihn verstehen.

Geschmacksknospen erneuern sich alle zehn Tage.

Folgender Test kann zu zweit durchgeführt werden:

Drei kleine Gläser werden mit Wasser gefüllt. In das erste Glas kommt ein Löffel Zucker, in das zweite etwas Salz und in das dritte Glas etwas Zitronensaft. Einem Kind werden nun die Augen verbunden. Es muss herausschmecken, was im Wasser gewesen ist – Salz, Zucker oder Zitrone.

Speisen aus anderen Ländern kennen die meisten Kinder. Oft wissen sie aber nicht, dass diese Speisen gar nicht aus ihrem Geburtsland stammen. So wissen die Kinder auch nicht, woher „Döner" oder „Pizza" ursprünglich kommen. Kenntnisse über fremde Nationen sind aber der erste Weg zu einem guten Miteinander.

Bei einem gemeinsamen Essen könnten Speisen aus verschiedenen Ländern angeboten werden.

Wortfelder

mampfen	starren	berichten	erkennen	flüstern
schlingen	rufen	schreien	fressen	knabbern
besichtigen	beobachten	naschen	antworten	
fragen	schlecken	betrachten	entdecken	

❶ Welches Verb gehört zu welchem Wortfeld?
   Schreibe die Verben in die jeweils richtige Spalte.
❷ Finde weitere Verben. Trage sie ein.

sprechen	essen	sehen

Die Katze _____ die Milch.

Jan _____ von der frisch gebackenen Torte.

Anne ist wütend auf Tanja. Sie _____ Tanja an.

Jens hat eine Frage gestellt. Sein Freund _____ ihm.

Tom ist im Zoo. Er _____, wie die Giraffen fressen.

Lisa ist in London. Sie _____ alle Sehenswürdigkeiten.

❸ Schreibe treffende Verben in die Lücken.

Eichhörnchen

Eichhörnchen gibt es fast überall. Es sind Nagetiere,

die meist im Wald oder in Parks auf Bäumen leben.

Sie haben im Sommer rotbraunes und im Winter graues Fell.

Eichhörnchen haben alle einen weißen Bauch und

einen buschigen Schwanz.

Dieser hilft ihnen beim Klettern und Springen die Richtung zu steuern.

Ihre Vorderbeine sind recht kurz. So können sie Nüsse,

Kastanien oder Eicheln gut greifen und fressen.

Sie mögen aber auch Knospen, Vogeleier und junge Vögel.

Ihren Wintervorrat vergraben sie in der Erde.

Eichhörnchen wohnen in kugelförmigen Nestern oder in Baumhöhlen.

Ihre größten Feinde sind Greifvögel und Marder.

❶ Wo leben die Eichhörnchen? Unterstreiche die Stellen im Text blau.
❷ Wie sehen Eichhörnchen aus? Unterstreiche rot.
❸ Was fressen Eichhörnchen? Unterstreiche grün.

Spielanleitung „Rate, was das ist!"

Dieses Spiel kann man gut im Klassenzimmer spielen.

- Ein Kind schreibt ein Nomen (Namenwort) hinter der Tafel an.
- Die anderen Kinder müssen nun durch Fragen das Wort erraten.
  Dabei dürfen nur Fragen gestellt werden, die mit „Ja" oder „Nein"
  beantwortet werden können.
  Solche Fragen können zum Beispiel sein:
  - Lebt es?
  - Ist es in diesem Klassenzimmer?
  - Bewegt es sich?
  - Ist es grün?
  - Ist es hoch?
  - …

Ihr könnt auch festlegen, wie viele Fragen nur gestellt werden dürfen.

- Das Kind, das das Nomen (Namenwort) richtig erraten hat,
  darf nun das nächste Wort an die Tafel schreiben.

1 Lies die Spielanleitung durch.
2 Versuche sie einem anderen Kind zu erklären.
3 Spielt erst zu zweit und später in der Gruppe oder Klasse.

Diese Wörter kannst du zu Beginn erraten lassen:

Schrank	Teddybär	Hamster
Lehrer/-in	Buch	Tafel

Das bin ich

1 Male die Figur so an, wie du aussiehst.

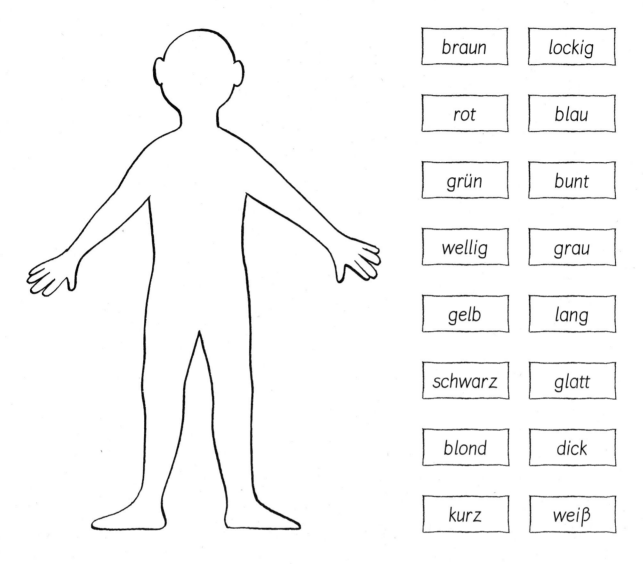

braun	lockig
rot	blau
grün	bunt
wellig	grau
gelb	lang
schwarz	glatt
blond	dick
kurz	weiß

2 Beschreibe dich. Nutze die Wörter neben der Figur.

Mein Name ist _____ .

Ich habe _____ Haare und

_____ Augen.

Am liebsten trage ich _____

_____

_____ .

Differenzierungsdiktate

Wie schmeckt das?

Mona und Tom gehen in die Küche .

Mona verbindet Tom die Augen.

Nun reibt sie einen großen, runden Apfel.

Tom hält sich die Nase zu und kostet davon .

Was hat er geschmeckt?

❶ Übe den Text als Diktat.   *(35 Wörter)*

Wie schmeckt das?

Mona und Tom gehen in die Küche .

Mona verbindet Tom die Augen. Er darf nichts sehen.

Nun reibt sie eine dicke Möhre und einen großen, runden Apfel.

Tom hält sich die Nase zu und kostet von dem weichen Apfel.

Ob er von allein schmeckt, was er gegessen hat?

❶ Übe den Text als Diktat.   *(51 Wörter)*

---

1. Tipp: Die umrahmten Wörter sollten dem Kind vorgegeben werden. Diese können auf ein Blatt oder an die Tafel geschrieben werden.

2. Tipp: Viele Wörter stehen in der Wörterliste. Diese kann am Ende für zwei Minuten zum eigenen Nachschlagen und Prüfen der Wörter genutzt werden.

3. Tipp: Hinweis an Kinder geben, dass „gegessen" von „essen" abgeleitet ist.

Was meine Füße alles können

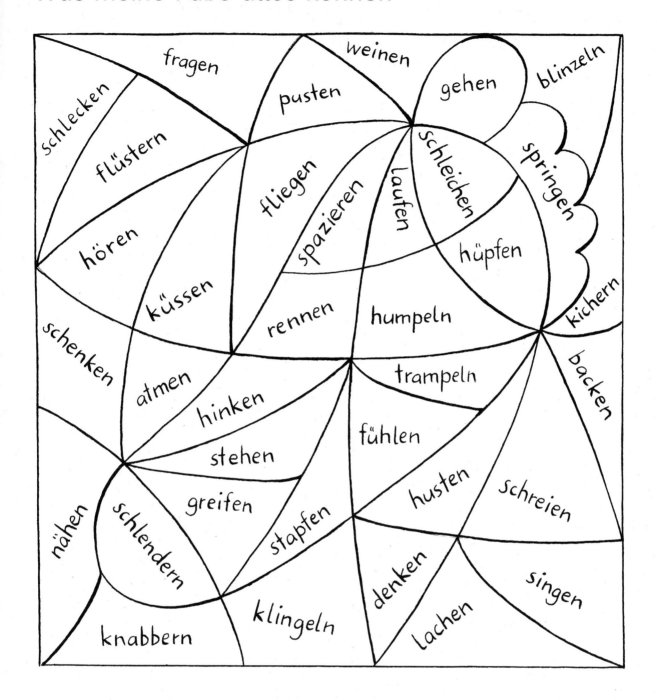

❶ Was kannst du mit deinen Füßen alles tun?
   Male nur diese Felder aus.

❷ Was kannst du mit deinen Händen alles tun? Schreibe auf.

Bienen

Bienen sind Insekten. Sie leben in großen
Völkern zusammen. Am bekanntesten ist
die Honigbiene.

Ein Bienenstock besteht aus 10.000 bis
60.000 Arbeitsbienen und einer Königin.
Im Sommer leben tausende Männchen,
Drohnen genannt, im Bienenstock.

Die Königin legt nach dem Hochzeitsflug
Eier in den Waben ab. Danach sterben die
Drohnen. Nach einigen Tagen schlüpfen
dann die Larven, die sich zu Puppen
verwandeln. Aus ihnen entstehen wieder
neue Arbeitsbienen.

Die Arbeitsbienen sondern am Hinterleib
Wachs ab. Damit bauen sie die Waben
des Bienenstocks. Außerdem füttern sie
die Larven und sammeln Nektar und Pollen.

❶ Lies den Text.
❷ Schneide die Bilder aus.
❸ Ordne sie dem Text in der richtigen
   Reihenfolge zu. Klebe sie dann auf.

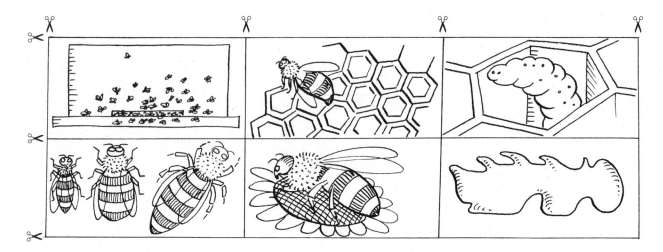

Ein schöner Tag

❶ Beschreibe das Bild.

Diese Wörter können dir helfen:

Himmel	Turm	Sonne	Mann	Kind	Boot	Elefant

hoch	alt	blau	klein	lang	dick	gelb

❷ Nun kannst du das Bild ausmalen.

Meins

Augen, Nase, Mund und Ohren,
Finger, um darin zu bohren,
Arme, Hände, Füße, Beine
und des Weiteren noch meine
Brust, der Rücken ebenso
und der Kopf, der Bauch und Po:
All das und noch vieles mehr
gehört zu mir, geb ich nicht her.

Regina Schwarz

1 Lies das Gedicht.

2 Trage die Nomen der Körperteile richtig ein.

3 Welche Körperteile kannst du noch benennen?

Kapitel 5 – In anderen Ländern

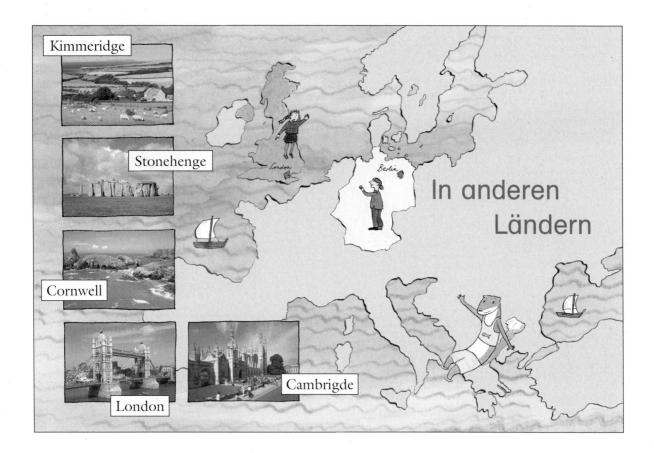

Kimmeridge
Stonehenge
Cornwell
London
Cambrigde
In anderen Ländern

Einleitende Worte

In dem Kapitel Großbritannien geht es darum, an einem exemplarischen Beispiel ein fremdes Land kennen zu lernen, das nicht all zu weit entfernt liegt. Da Englisch eine Weltsprache ist, bietet es sich an, auch schon das eine oder andere englische Wort einzuführen, weil Kinder fremden Sprachen in der Regel sehr aufgeschlossen gegenüberstehen. Der europäische Gedanke setzt sich in den Folgeschuljahren fort.

Die Kinder lernen landestypische Gewohnheiten und Literatur sowie einen englischen Maler kennen. Unter anderem wird die Landeshauptstadt London vorgestellt.

Lerninhalte und Ziele

Die Kinder

- lernen Großbritannien und die Bedeutung der englischen Sprache kennen,
- erzählen, schreiben und malen Geschichten zum Thema,
- setzen sich mit landesspezifischen Eigenheiten in Schrift und Bild auseinander,
- lernen Regeln über Wortzusammensetzung kennen,
- lernen Regeln zu Wörtern mit Doppelkonsonanten kennen,
- festigen Wörter mit T/t und St/st am Wortanfang,
- erfassen weitere Formen des Verbs,
- lernen Aufforderungssätze kennen.

Kapitelauftaktseite

Die Kinder betrachten die Karte und die am Rand gruppierten Fotos. Die Karte verdeutlicht, dass es um das Thema Großbritannien geht. Das eine oder andere Bild wird wahrscheinlich schon erkannt und benannt werden können. Die Kinder können Vermutungen anstellen, worum es sich im Einzelnen handelt. Ggf. schauen sie im Atlas nach, wo Großbritannien liegt.

Anschließend wird über die Größe Deutschlands bzw. Großbritanniens und z. B. die Entfernung zwischen beiden Ländern gesprochen. Wie kommt man nach London? Wie lange dauert das? Wo kann man diese Dinge erfragen?

Die Kinder können über einen Urlaub in Großbritannien oder über Beiträge im Fernsehen berichten.

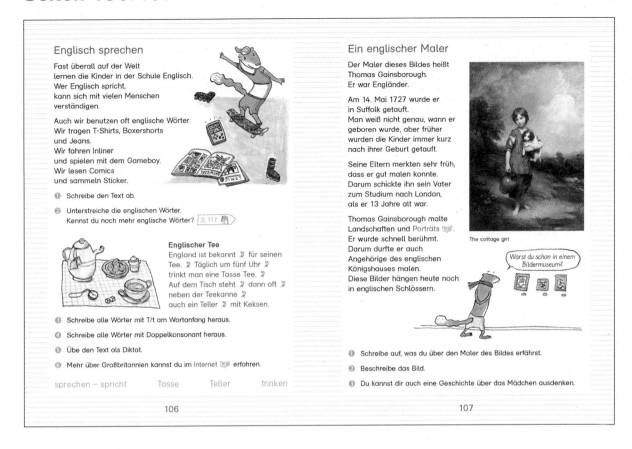

Englisch sprechen

Fast überall auf der Welt
lernen die Kinder in der Schule Englisch.
Wer Englisch spricht,
kann sich mit vielen Menschen
verständigen.

Auch wir benutzen oft englische Wörter.
Wir tragen T-Shirts, Boxershorts
und Jeans.
Wir fahren Inliner
und spielen mit dem Gameboy.
Wir lesen Comics
und sammeln Sticker.

❶ Schreibe den Text ab.

❷ Unterstreiche die englischen Wörter.
   Kennst du noch mehr englische Wörter? S. 117

Englischer Tee

England ist bekannt ⚡ für seinen
Tee. ⚡ Täglich um fünf Uhr ⚡
trinkt man eine Tasse Tee. ⚡
Auf dem Tisch steht ⚡ dann oft ⚡
neben der Teekanne ⚡
auch ein Teller ⚡ mit Keksen.

❸ Schreibe alle Wörter mit T/t am Wortanfang heraus.

❹ Schreibe alle Wörter mit Doppelkonsonant heraus.

❺ Übe den Text als Diktat.

❻ Mehr über Großbritannien kannst du im Internet erfahren.

sprechen – spricht   Tasse   Teller   trinken

106

Ein englischer Maler

Der Maler dieses Bildes heißt
Thomas Gainsborough.
Er war Engländer.

Am 14. Mai 1727 wurde er
in Suffolk getauft.
Man weiß nicht genau, wann er
geboren wurde, aber früher
wurden die Kinder immer kurz
nach ihrer Geburt getauft.

Seine Eltern merkten sehr früh,
dass er gut malen konnte.
Darum schickte ihn sein Vater
zum Studium nach London,
als er 13 Jahre alt war.

Thomas Gainsborough malte
Landschaften und Porträts.
Er wurde schnell berühmt.
Darum durfte er auch
Angehörige des englischen
Königshauses malen.
Diese Bilder hängen heute noch
in englischen Schlössern.

The cottage girl

Warst du schon in einem
Bildermuseum?

❶ Schreibe auf, was du über den Maler des Bildes erfährst.

❷ Beschreibe das Bild.

❸ Du kannst dir auch eine Geschichte über das Mädchen ausdenken.

107

Lernziele – Seite 106

Die Kinder
- schreiben einen Text ab,
- erkennen englische Wörter und wenden die Technik des Hervorhebens an,
- bringen aus dem eigenen Erfahrungsschatz weitere englische Wörter ein,
- erfassen und schreiben Wörter mit T/t am Wortanfang,
- erfassen und schreiben Wörter mit Doppelkonsonanten,
- wenden die Technik des Übens eines Diktattextes an,
- können mit dem Leselexikon umgehen.

Lernwörter
- sprechen – spricht, Tasse, Teller, trinken

Lernziele – Seite 107

Die Kinder
- lernen einen englischen Maler kennen,
- lesen sinnentnehmend einen Text,
- können sich Notizen zum Text machen,
- erfassen das Anliegen des Malers durch Bildbeschreibung,
- denken sich eine Geschichte zum Bild aus,
- berichten über einen Besuch im Bildermuseum,
- können mit dem Leselexikon umgehen.

Hinweise und Anregungen zur Unterrichtsgestaltung

Seite 106
Methodische Umsetzung

Den Kindern sind englische Wörter aus der Umgangssprache bekannt. Es bietet sich deshalb an, entsprechende Bildmotive an die Tafel zu heften und die englischen Bezeichnungen aufzuschreiben und z.B. als großes Poster in den Klassenraum zu hängen. Wichtig ist im 2. Schuljahr die Bedeutung (Übersetzung) festzuhalten, soweit es möglich ist.

So erkennen die Kinder, dass viele Begriffe so „eingedeutscht" sind, dass man sie nicht mehr übersetzen kann.

Die Liste kann im Laufe der Zeit weiter ergänzt werden. Im nächsten Schritt werden die Aufgaben im Buch bearbeitet. Die Kinder lesen den Buchtext, übertragen ihn und finden geläufige englische Begriffe heraus. Es schließen sich Übungen zur Rechtschreibung an. Es werden Wörter mit T/t am Wortanfang gesammelt. Die von den Kindern genannten Wörter werden an die Tafel geschrieben und abgeschrieben.

Am Diktattext wenden die Kinder die ihnen bekannte Übungstechnik an. Hier werden Wörter mit T/t am Wortanfang geübt und die Doppelkonsonanten wiederholt. Die Kinder suchen im Leselexikon das Wort „Internet".

Alternativen und Differenzierungen

Ergänzend zu diesem Thema eignet sich auch ein Besuch in einem Reisebüro mit der Aufgabe, Material über England bzw. Großbritannien zu besorgen. Die Kinder stellen oft erst dabei fest, dass es sich hier nicht um das Gleiche handelt. Gemeinsam können die Kinder ein Poster mit Bildern (aus Katalogen, Zeitungen, dem Internet oder auch gemalt) zusammenstellen, zu denen sie die englischen Begriffe schreiben.

Bezüge zum Lese- und Übungsteil

Seite 117 beinhaltet „Englische Reime", die die Kinder auch lernen können. Die englische Fabel „Wie ein listiger Sperling sein Leben rettete" ist auf Seite 123 zu finden.

Fächerübergreifende Anregungen

Im Sachunterricht bietet sich der Einsatz einer Weltkarte an, um zu verdeutlichen, wo überall auf der Welt Englisch gesprochen wird.

In Musik eignen sich einfache englische Lieder wie z.B. „Good morning".

Kopiervorlage 37 Seite 109
Kopiervorlage 38 Seite 110
Kopiervorlage 39 Seite 111

Seite 107
Methodische Umsetzung

Die Kinder betrachten das Bild im Gesprächskreis. Bei der anschließenden Beschreibung sollten verschiedene Aspekte berücksichtigt werden: der Titel des Bildes, der Gesichtsausdruck des Mädchens, der Hund, der zerbrochene Krug, die gedämpfte Atmosphäre usw.

Anschließend wird der Text gelesen und mündlich zusammengefasst. Das Wort „Porträt" wird im Leselexikon nachgeschlagen. Die Aussprache des Namens des Malers und dessen Geburtsort sollten vorher geübt werden. Bei Nachfragen sollte erklärt werden, dass Kinder früher stets kurz nach der Geburt getauft wurden, weil die Säuglingssterblichkeit hoch war und der Glauben einen großen Stellenwert hatte.

Alternativen und Differenzierungen

Bei Aufgabe 1 erhalten leistungsschwächere Kinder eine Kopiervorlage, die einfache Antworten zu vorgegebenen Textfragen ermöglicht.

Leistungsstärkere Kinder sollten den Inhalt selbstständig wiedergeben können. Für sie ist auch die Zusatzaufgabe 3 gedacht. Dabei sollte die Wahl gelassen werden, ob eine solche Geschichte sich nun vorrangig mit dem Hund, dem Mädchen oder der Gesamtsituation beschäftigt.

Fächerübergreifende Anregungen

Gainsborough hat viele Kinderbilder gemalt. Daher ist es möglich, den Kindern in Kunst weitere vorzustellen und Gemeinsamkeiten oder Unterschiede herausfinden zu lassen. Es können aber auch andere Kinderbilder z.B. von Picasso gegenübergestellt werden.

Im Sachunterricht kann das Leben der Kinder früher thematisiert werden.

Kopiervorlage 40 Seite 112

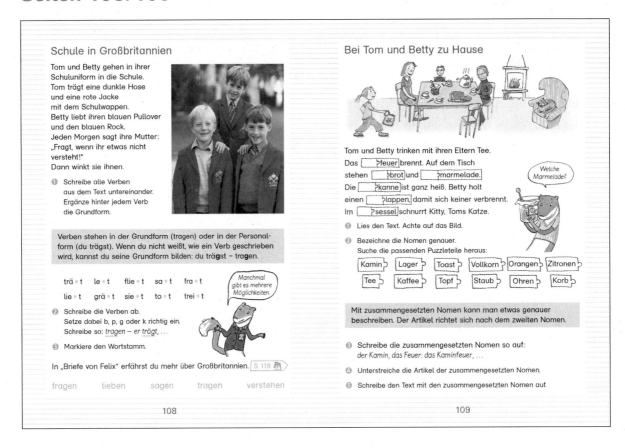

Schule in Großbritannien

Tom und Betty gehen in ihrer Schuluniform in die Schule. Tom trägt eine dunkle Hose und eine rote Jacke mit dem Schulwappen. Betty liebt ihren blauen Pullover und den blauen Rock. Jeden Morgen sagt ihre Mutter: „Fragt, wenn ihr etwas nicht versteht!" Dann winkt sie ihnen.

① Schreibe alle Verben aus dem Text untereinander. Ergänze hinter jedem Verb die Grundform.

Verben stehen in der Grundform (tragen) oder in der Personalform (du trägst). Wenn du nicht weißt, wie ein Verb geschrieben wird, kannst du seine Grundform bilden: du trägst – tragen.

trä • t   le • t   flie • t   sa • t   fra • t

lie • t   grä • t   sie • t   to • t   trei • t

Manchmal gibt es mehrere Möglichkeiten.

② Schreibe die Verben ab. Setze dabei b, p, g oder k richtig ein. Schreibe so: *tragen – er trägt, ...*

③ Markiere den Wortstamm.

In „Briefe von Felix" erfährst du mehr über Großbritannien. S. 118

fragen   lieben   sagen   tragen   verstehen

108

Bei Tom und Betty zu Hause

Tom und Betty trinken mit ihren Eltern Tee. Das [?feuer] brennt. Auf dem Tisch stehen [?brot] und [?marmelade.] Die [?kanne] ist ganz heiß. Betty holt einen [?lappen,] damit sich keiner verbrennt. Im [?sessel] schnurrt Kitty, Toms Katze.

Welche Marmelade?

① Lies den Text. Achte auf das Bild.

② Bezeichne die Nomen genauer. Suche die passenden Puzzleteile heraus:

Kamin   Lager   Toast   Vollkorn   Orangen   Zitronen

Tee   Kaffee   Topf   Staub   Ohren   Korb

Mit zusammengesetzten Nomen kann man etwas genauer beschreiben. Der Artikel richtet sich nach dem zweiten Nomen.

③ Schreibe die zusammengesetzten Nomen so auf: der Kamin, das Feuer: das Kaminfeuer, ...

④ Unterstreiche die Artikel der zusammengesetzten Nomen.

⑤ Schreibe den Text mit den zusammengesetzten Nomen auf.

109

Lernziele – Seite 108
Die Kinder
- erfassen den Text,
- schreiben die Verben heraus und ergänzen deren Grundform,
- prägen sich die Begriffe Grundform und Personalform ein,
- lernen die Rechtschreibhilfe Wortverlängerung bei der Unterscheidung d/t, g/k, b/p kennen und wenden sie an,
- wenden ihre Kenntnisse über den Wortstamm an und heben ihn im Wort hervor.

Lernwörter
- fragen, lieben, sagen, tragen, verstehen

Lernziele – Seite 109
Die Kinder
- lernen die Bedeutung zusammengesetzter Nomen zur genaueren Kennzeichnung von Gegenständen kennen,
- ergänzen die Grundform mit passenden Nomen,
- erkennen, dass man mit zusammengesetzten Nomen etwas genauer beschreiben kann,
- erkennen, dass sich der Artikel bei zusammengesetzten Nomen nach dem zweiten Nomen richtet,
- wenden die Abschreibtechnik an.

Hinweise und Anregungen zur Unterrichtsgestaltung

Seite 108
Methodische Umsetzung

Die Kinder lesen den Text und vergleichen ihn mit ihrer eigenen Schulsituation. Sie können Vor- und Nachteile von Schuluniformen diskutieren. Diese können in eine Tabelle eingetragen werden.

Im Anschluss werden gemeinsam alle Verben aus dem Text herausgesucht. Der Begriff Grundform wird eingeführt und es werden hierfür Beispiele genannt.

Zur Verdeutlichung des rechtschreiblichen Phänomens bietet sich ein Tafelbild an:

sie fra__t – fra__en
er gi__t – ge__en

Die Kinder benennen das Problem und bemühen sich, selbstständig eine Regel zu formulieren. Diese wird mit dem Merksatz im Buch verglichen.

In der sich anschließenden schriftlichen Arbeitsphase bearbeiten die Kinder Aufgabe 1. Die Arbeitsergebnisse werden gemeinsam besprochen und mit der Regel verglichen. Im Anschluss können die Aufgaben 2 und 3 eigenständig bearbeitet werden.

Alternativen und Differenzierungen

Leistungsschwache Kinder bekommen die Wörter auf einem Extrablatt und markieren den fraglichen Laut: fragen.

Leistungsstarke Kinder können aus einem Wörterbuch weitere Wörter heraussuchen, bei denen dieses Rechtschreibproblem ebenfalls auftreten kann.

Bezüge zum Lese- und Übungsteil

Auf der Seite 118 ist ein Textauszug über die Stadt London aus dem Buch „Briefe von Felix" von Annette Langen/Constanza Droop zu finden.

Die Übung „d oder t ?" auf Seite 124 nimmt Bezug auf die Wortverlängerung unter Verwendung von Nomen.

....

Arbeitsheft   Seiten 28/29

....

Seite 109
Methodische Umsetzung

Die Lehrerin bringt zwei Gegenstände mit und lässt die Kinder die Unterschiede erklären: z. B. Tee- und Kaffeekanne, Orangen- und Erdbeermarmelade. So erkennen die Kinder die Funktion zusammengesetzter Nomen. Nach dem gemeinsamen Lesen des Textes stellen sie Vermutungen über die fehlenden Puzzleteile an und ergänzen sie. Im Anschluss daran wird durch den Merksatz noch einmal die Bedeutung zusammengesetzter Nomen verdeutlicht.

In der darauffolgenden Übung wird das Zusammensetzen von Nomen unter Hinzuziehen des Artikels geübt. Abschließend wird das Gelernte durch Abschreiben des Textes noch einmal verinnerlicht.

Alternativen und Differenzierungen

Schwächere Kinder sollten die richtig zusammengesetzten Wörter erhalten und sie noch einmal abschreiben.

Im Spiel kann auch eine Wortkette entstehen: Goldfisch – Fischfutter – Futterdose – Dosenpfand.

Bezüge zum Übungsteil

Die Übung „Zusammengesetzte Nomen" auf Seite 124 kann zu diesem Thema herangezogen werden.

Fächerübergreifende Anregungen

Im Fach Kunst können in Gruppenarbeit Spiele hergestellt werden, bei denen Wörter zusammengesetzt werden sollen. Die Spielregel ist wie beim Memory: Die Karten liegen verdeckt auf dem Tisch, jeder darf jeweils zwei aufdecken und benennen. Wenn er ein zusammengehörendes Paar hat (z. B. der Baum, der Stamm: der Baumstamm), darf er die Karten behalten und ist noch einmal dran. Sieger ist, wer die meisten Karten hat. Die Kopiervorlage kann zur Ergänzung des Spiels genutzt werden.

....

Arbeitsheft   Seite 30

....

Kopiervorlage 41   Seite 113

....

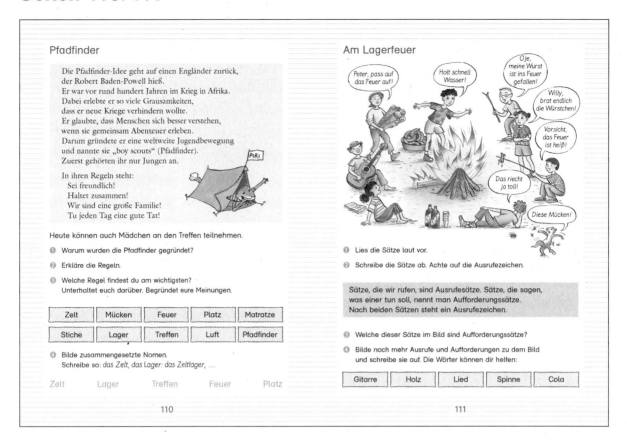

Lernziele – Seite 110

Die Kinder
- lesen einen Text sinnentnehmend und können Fragen zum Textverständnis beantworten,
- lesen und diskutieren Pfadfinder-Regeln,
- beurteilen die Regeln für die eigene Person,
- formulieren und begründen neue Regeln,
- wiederholen zusammengesetzte Nomen.

Lernwörter
- Zelt, Lager, Treffen, Feuer, Platz

Lernziele – Seite 111

Die Kinder
- beschreiben eine Bildsituation,
- lesen situationsangepasst Ausrufe- bzw. Aufforderungssätze im Bild,
- lernen die Begriffe Ausrufesatz und Aufforderungssatz sowie deren Unterscheidung kennen,
- lernen das Satzzeichen „Ausrufezeichen" kennen,
- können Texte nach Aufforderung und Ausruf unterscheiden,
- finden unter Zuhilfenahme von Stützwörtern eigene Beispiele, die als Ausrufe und Aufforderungen zum Bild passen.

Hinweise und Anregungen zur Unterrichtsgestaltung

Seite 110
Methodische Umsetzung

Im Kreisgespräch tauschen die Kinder ihr Vorwissen über Pfadfinder oder vergleichbare Gruppen aus. Danach lesen sie gemeinsam den Text sinnentnehmend. Ziel ist die Verdeutlichung, dass Regeln für ein Miteinander wichtig sind. In der Stillarbeitsphase sollten die Kinder eine Antwort auf Aufgabe 1 schriftlich festhalten. Die Kinder geben dann die Regeln der Pfadfinder mit eigenen Worten wieder. Jedes Kind definiert nun für sich selbst eine Regel, die persönlich bedeutsam ist und begründet sie.
Als Wiederholung zusammengesetzter Nomen dient Aufgabe 4.

Alternativen und Differenzierungen

Der Einstieg kann auch mit der Vorstellung von Regeln und der Diskussion über deren Bedeutung und Sinnhaftigkeit erfolgen.
Unter schreiberzieherischem Aspekt können die Kinder ihre eigenen Regeln mit einer besonderen Schrift aufschreiben.
Außerdem bietet es sich zu diesem Thema an, die Gesprächsregeln von Seite 6 wieder aufzugreifen und zu erweitern.
Leistungsschwächere Kinder sollten in Aufgabe 4 die Nomen zunächst mit dem dazugehörenden Artikel aufschreiben. Erst im zweiten Schritt versuchen sie dann, Nomen zusammenzusetzen und den richtigen Artikel dazuzuschreiben.

Fächerübergreifende Anregungen

Im Lernbereich Sachunterricht können mit den Kindern weitere Regeln für das Zusammenleben besprochen werden. Diese werden mit den Regeln der Pfadfinder verglichen.

....

Arbeitsheft   Seite 30

....

Kopiervorlage 41 Seite 113

....

Seite 111
Methodische Umsetzung

Zuerst wird die Bildsituation besprochen. Dabei bringen die Kinder eigene Erfahrungen von Ausflügen, Klassenfahrten etc. mit ein.
An der Tafel stehen folgende Sätze:

Du sollst herkommen.
Komm her!

Die Kinder sprechen die Sätze nach. Sie bemerken, dass diese unterschiedlich klingen, der zweite einen sehr viel stärker auffordernden Charakter hat. Auf diese Weise wird der Begriff Aufforderungssatz erarbeitet und mittels Merksatz festgehalten.
Zur Vertiefung dient folgendes Spiel:
Kärtchen mit Aufforderungen werden verdeckt auf den Tisch gelegt. Sie werden gezogen, gelesen und dann muss der Leser das tun, wozu er auf dem Kärtchen aufgefordert wird. Die anderen müssen raten, welcher Aufforderungssatz auf dem Kärtchen steht. Wer es errät, bekommt es. Wer die meisten Kärtchen hat, hat gewonnen.
Es ist sinnvoll, die Spielkarten vor dem Spielen zu laminieren (siehe Kopiervorlage), damit sie nicht so schnell unansehnlich werden.

Alternativen und Differenzierungen

Die Aufgabe 4 dient zur Differenzierung und sollte vor allem von leistungsstärkeren Kindern, evtl. im Team mit schwächeren, bearbeitet werden. Die Stützwörter aus dem Bild können die Kinder als Hilfestellung nutzen.

Fächerübergreifende Anregungen

Im Bereich Kunst können Collagen zum Thema Lagerfeuer aus verschiedenen Rot- und Orangetönen auf schwarzem Tonpapier hergestellt werden. Die Figuren dazu werden schemenhaft mit Wachsstiften gezeichnet oder als Schattenumrisse mit schwarzem Tonpapier aufgeklebt.
Im Sportunterricht lassen sich „Abenteuerlandschaften" mit vielen Geräten als Parcours aufbauen. Die Kinder müssen die Hindernisse nach verschiedenen Anweisungen (z. B. zu zweit/barfuß/ohne den Boden zu berühren, ...) überwinden.

....

Arbeitsheft   Seite 31

....

Kopiervorlage 42 Seite 114

....

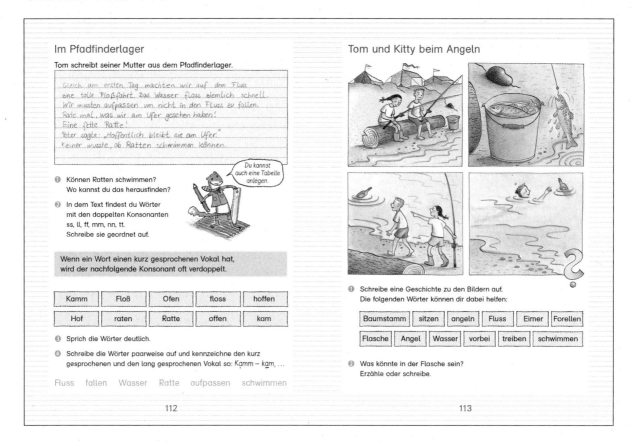

112

113

Lernziele – Seite 112

Die Kinder
- benutzen ein Lexikon als Informations-
  quelle,
- bearbeiten Wörter mit Konsonanten-
  verdopplung,
- erfassen, dass auf kurz gesprochenen Vokal
  ein doppelter Konsonant folgt,
- können kurz und lang gesprochene Vokale
  unterschiedlich kennzeichnen und paarweise
  gegenüberstellen.

Lernwörter

- Fluss, fallen, Wasser, Ratte, aufpassen,
  schwimmen

Lernziele – Seite 113

Die Kinder
- besprechen eine Bildfolge,
- entwickeln anhand von Stützwörtern eine
  Geschichte und schreiben sie auf,
- stellen Vermutungen über den Inhalt der
  Flasche an.

Hinweise und Anregungen zur Unterrichtsgestaltung

Seite 112
Methodische Umsetzung

Die Lehrerin liest im Kreisgespräch den Brief vor. Die Kinder stellen Vermutungen zu der Frage an, ob Ratten schwimmen können, und überlegen, woher man eine Antwort bekommen kann. Sie benennen Informationsquellen: Lexikon, Internet, Bibliothek etc.

Anschließend lesen alle Kinder den Text noch einmal. Den Kindern kann die Frage gestellt werden, welche Besonderheiten viele Wörter im Text aufweisen. Erst dann suchen sie alle Wörter mit Doppelkonsonanten heraus. Diese werden deutlich ausgesprochen. Den Kindern wird bewusst, dass sich der Konsonant verdoppelt, wenn der Vokal davor kurz gesprochen wird. Hier kann der Merksatz als Rechtschreibhilfe eingebunden werden.

Vertieft wird dieses Lernziel durch die folgende Übung, in der die Wörter geschrieben und je nach Lautung unterschiedlich markiert werden.

Alternativen und Differenzierungen

Leistungsschwächere Kinder bekommen die Wörter nicht zusammen angeboten, sondern getrennt: Alle Wörter mit kurz gesprochenem Vokal auf einem Blatt mit der Aufgabe, den Vokal zu kennzeichnen, der bei der Verdoppelung kurz gesprochen wird. Diese Wörter werden dann abgeschrieben.

Zur Auflockerung kann ein Spiel dienen, bei dem die Regel lautet, dass alle Kinder aufstehen, wenn sie bei dem von der Lehrerin gesprochenen Wort einen kurzen Vokal hören. Wer bei einem langen Vokal aufsteht, scheidet aus.

Bezüge zum Übungsteil

Die Übung „Lang und kurz gesprochene Vokale" auf der Seite 126 kann zu diesem Thema bearbeitet werden.

....

Arbeitsheft　　　　　Seiten 31–33
....

Seite 113
Methodische Umsetzung

Die Kinder betrachten die Bildfolge aus dem Buch über den Overheadprojektor.

Die Bildfolge kann auch in der Reihenfolge verändert angeboten werden, sodass die Kinder die Bilder ordnen müssen. Außerdem ist es möglich, nur das 1. Bild zu zeigen. So können Assoziationen zum Weitererzählen geweckt werden.

Gemeinsam werden die Bildinhalte besprochen und zusätzlich wichtige Stützwörter an der Tafel notiert. Anhand des Buches erfolgt dann die weitere Bearbeitung. Die Bilder werden nochmals betrachtet. Die als Rechtschreibhilfe vorgegebenen Wörter werden gelesen und die Kinder versuchen nun, sie den einzelnen Bildern zuzuordnen. Diese können, müssen aber nicht verwendet werden. Bevor die Kinder die Geschichte niederschreiben, sollte sie mündlich vorformuliert werden. Eine Überschrift und ein einleitender Satz können vorgegeben werden.

Alternativen und Differenzierungen

Um die Kinder zum Beenden ihrer Geschichten anzuhalten, kann als Impuls auf einem Extrablatt das Aufschreiben des vermuteten Endes der Geschichte erfolgen. Diese Blätter werden gemeinsam ausgewertet. Die Klasse kann sich aber auch gemeinsam für ein Ende entscheiden.

Leistungsschwache Kinder können den vermuteten Ausgang der Geschichte aufmalen oder am nächsten Tag entsprechende Dinge zum Ausgang mitbringen und dazu erzählen.

Bei einigen Kindern hat es sich auch bewährt, die Geschichte auf Satzstreifen zu schreiben, die zerschnitten und geordnet werden müssen. Zum Schluss werden diese dann abgeschrieben.

....

Kopiervorlage 43　　Seite 115
....

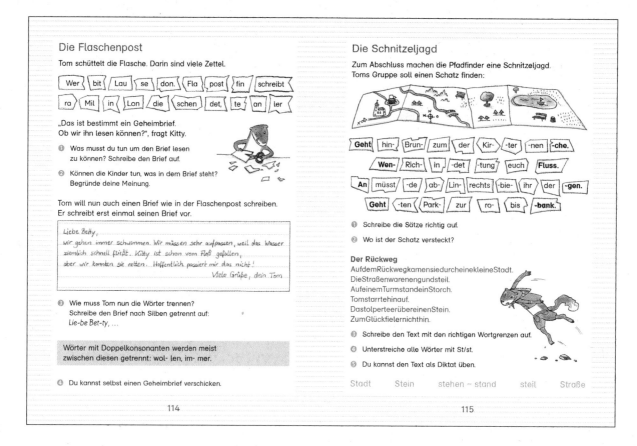

114
115

Lernziele – Seite 114

Die Kinder

- setzen in Silben zerlegte Wörter zusammen, ordnen sie zu einem Text (Brief) und schreiben ihn auf,
- lesen einen Text sinnentnehmend und beantworten die entsprechende Frage zum Text,
- schreiben einen vorgegebenen Brief nach Silben getrennt um,
- nutzen die Trennungsregel zu Doppelkonsonanten als Rechtschreibhilfe,
- verfassen einen eigenen Brief in „Geheimschrift".

Lernziele – Seite 115

Die Kinder

- schreiben einen in Silben zerlegten Text richtig auf und beantworten dazu Fragen,
- erkennen in einem durchgehenden Text die Wortgrenzen und schreiben ihn richtig nieder,
- finden alle Wörter mit St/st am Wortanfang heraus und heben sie hervor,
- üben den Text als Diktat.

Lernwörter

- Stadt, Stein, stehen – stand, steil, Straße

Hinweise und Anregungen zur Unterrichtsgestaltung

Seite 114
Methodische Umsetzung
Die Lehrerin bringt eine mit Puzzleteilchen gefüllte Flasche mit weitem Hals mit. Im Stuhlkreis werden die Teile herausgeholt und aneinandergelegt. Die Kinder versuchen sinnvolle Wörter zu bilden.

Im Anschluss legen sie den ganzen Satz. Bezugnehmend auf Seite 113 gibt die Lehrerin folgenden Impuls:

„So ein Brief war auch in der Flasche."

In der Stillarbeitsphase versuchen die Kinder, den Brief in Partnerarbeit aufzuschreiben. Ggf. können die Silben vorher auf kleine Zettel geschrieben und konkret zusammengelegt werden. Wenn alle fertig sind, wird das Ergebnis vorgelesen und die Frage Nummer 2 diskutiert. Aufgabe 3 stellt nun eine entgegengesetzte Übung zu Aufgabe 1 dar. Dabei verinnerlichen die Kinder den Merksatz über die Trennung von Doppelkonsonanten.

Alternativen und Differenzierungen
Leistungsschwächere Kinder sollten den Text von Aufgabe 1 vorgegeben bekommen und abschreiben.

Anschließend können sie die einzelnen Wörter noch einmal in Silben zerschneiden. Dabei sollen sie diese mit dem Buchtext vergleichen. Leistungsstärkere Kinder können einen eigenen Geheimbrief schreiben oder auch lange Wörter suchen und sie in Silben zerlegen, z.B. den Donaudampfschifffahrtsgesellschaftskapitänsführerhut oder Apfelentkernungsmaschine.

Bezüge zum Übungsteil
Die Seite 125 unter „Silbenrätsel" und die Seite 126 unter „Nomen mit doppeltem Konsonanten" bieten weitere Übungsmöglichkeiten an.

Fächerübergreifende Anregungen
Im Fach Kunst kann eine Collage hergestellt werden. Dazu mischen die Kinder verschiedene Blautöne und malen eine Wasserfläche auf ein Blatt. Aus einer Zeitschrift werden Flaschen ausgeschnitten. Mit Lehrerhilfe schneiden die Kinder vorsichtig einen schmalen Schlitz in das Blatt, so dass die Flasche hindurchgesteckt werden kann. Sie wird auf der Rückseite mit Klebestift fixiert.

Arbeitsheft   Seite 33

Seite 115
Methodische Umsetzung
Im Kreisgespräch wird das Begriffsverständnis mit dem Impuls: „Was ist eine Schnitzeljagd?" gesichert.

Nach der Begriffsklärung wird der zerlegte Text gelesen und in Partnerarbeit zusammengesetzt. Die Wörter können zunächst einzeln notiert werden. Dann ist es einfacher, die Satzglieder zu ordnen. Die Kinder können nun den Text aufschreiben und vergleichen. Dabei ist zu beachten, dass Satzglieder bei einigen Sätzen verschieden angeordnet sein können.

Bei Übung 3 fordert die Lehrerin die Kinder auf, den ersten Satz so vorzulesen, dass man hört, wo die einzelnen Wörter enden. Außerdem sollen sie darauf achten, am Satzende die Stimme zu senken.

Anschließend wird der Text abgeschrieben. Nach dem Herausfinden von Wörtern mit St und st am Wortanfang werden diese markiert. Da der Text als Diktat geübt werden kann, bietet es sich an, nochmals die verschiedenen eingeführten Übungsformen zu wiederholen.

Alternativen und Differenzierungen
Weiterführend können in einem Ratespiel Wörter ohne St/st am Wortanfang angeschrieben werden:

__aub, __olz, __adt, __ein, __eil, __amm.

Oder es können Nomen mit St auf einem Klassenposter gesammelt werden.

Fächerübergreifende Anregungen
Im Sportunterricht kann eine Schnitzeljagd durchgeführt werden, dabei sollten auch Aufgaben aus dem Bereich Deutsch einfließen. Im Fach Musik bietet sich das Lied „Auf uns'rer Wiese gehet was" an. Dazu kann in Kunst ein Storch mit Wachsfarben im Großformat auf Packpapier gemalt werden. Die Erarbeitung der Körperform erfolgt dabei an der Wandtafel.

Arbeitsheft   Seiten 33/34

Hopscotch

Betty spielt mit ihrer Freundin Kitty gern Hopscotch.
Das ist ein englisches Hüpfspiel.

Auf dem Schulhof malen sie mit Kreide ein Spielfeld auf
und schreiben die Zahlen von 1 bis 8 hinein.
Dann wirft Kitty ein Steinchen auf das Feld.
Sie versucht, auf einem Bein bis zu diesem zu hüpfen.
Dabei darf sie nicht auf einen Strich treten,
sonst hat sie verloren! Am Ende zählt sie
die gewonnenen Punkte zusammen.
Dann ist Betty an der Reihe.

● Schreibe für deine Freundin
oder deinen Freund auf,
wie das Spiel gespielt wird.
So kannst du anfangen:
Male mit Kreide …
Schreibe …

● Schreibe die Spielregeln für ein anderes Spiel auf, das du kennst.
Versuche dann, es mit jemandem zu spielen.

116

Englische Reime

One, two.
I see you!
One, two, three
you see me!

Eins, zwei.
Ich seh dich!
Eins, zwei, drei,
du siehst mich!

Snow is white,
grass is green.
You are king,
I am queen.

Schnee ist weiß,
Gras ist grün.
Du bist König,
ich bin Königin.

Limerick
There was a young lady of Riga
Who rode with a smile on a tiger.
They returned from the ride
With the lady inside
And the smile on the face of the tiger.
Rudjard Kipling

Eine junge Dame aus Riga
ritt lächelnd auf einem Tiger.
Auf dem Wege zurück
lächelt er vor Glück,
denn sie war jetzt im Tiger.
Nachdichtung von Jürgen Dahl

117

Lernziele – Seite 116

Die Kinder
- lernen ein typisches englisches Spiel kennen,
- können eine Spielanweisung für dieses Spiel unter Benutzung von Aufforderungssätzen niederschreiben,
- schreiben weitere Spielregeln auf (z. B. für Gummitwist, „Wer fürchtet sich vorm schwarzen Mann", „Mensch, ärgere dich nicht"…) und setzen sie gemeinsam um.

Lernziele – Seite 117

Die Kinder
- lernen den Limerick als typisch irische Textform kennen,
- lernen englische Abzählverse kennen,
- erfahren die Bedeutung von Sprachbegegnung.

Hinweise und Anregungen zur Unterrichtsgestaltung

Seite 116
Methodische Umsetzung

Die Lehrerin malt drei Spiele auf dem Schulhof auf (ein Spiel davon ist Hopscotch) und lässt die Kinder frei spielen. Nach zehn Minuten soll jede Gruppe ihr Spiel vorführen und erklären.

Nun werden Möglichkeiten verschiedener Spielregeln versprachlicht und gespielt. Die einfachste Spielregel wird später in Form von Aussagesätzen an der Tafel festgehalten:

Wir haben ein Spielfeld aufgezeichnet. Dann haben wir …

Anschließend wird die Spielanweisung in Aufforderungssätze umformuliert. Im weiteren Verlauf können die Kinder die Spielregeln von bekannten Spielen aufschreiben. Sie können aber auch versuchen, ein völlig neues Spiel zu erfinden. Zum Schluss werden die Spiele nochmals gemeinsam umgesetzt.

Fächerübergreifende Anregungen

Im Sachunterricht können zum Thema „Wohnen" bzw. „Schule früher und heute" alte und neue Spiele (vor allem draußen) durchgeführt werden:

Nüsse schießen

Jeder Spieler legt drei Nüsse (oder Steine) nahe zusammen und eine vierte obendrauf.
Ziel ist es, das Häufchen des Gegners aus einer bestimmten Entfernung umzuwerfen. Trifft man, darf man die zerstreuten Nüsse behalten. Trifft man nicht, muss man eigene abgeben.

Teufelskopf

Alle Mitspieler bilden eine Reihe, jeder hält sich an seinem Vordermann fest. Das erste Kind ist der Teufelskopf, das letzte der Teufelsschwanz. Der Kopf muss versuchen, den Schwanz zu fangen. Dazu hat er nur so lange Zeit, wie ein Lied gesungen wird. Schafft er es, scheidet er aus. Schafft er es nicht, wird aus dem Teufelskopf der Teufelsschwanz.

Gerade oder ungerade

Zwei Kinder stehen sich gegenüber. Beide haben Bohnen (oder Steine) in einem Schälchen hinter sich. Eines hält mehrere Bohnen oder Steine in der geschlossenen Hand. Das andere Kind rät, ob die Anzahl der versteckten Dinge gerade oder ungerade ist. Rät es richtig, bekommt es alles. Rät es falsch, muss es selbst eins abgeben.

Im Sportunterricht können die verschiedenen Spiele (auch Pausenspiele) geübt werden. Da viele der alten Spiele den Kindern heute nicht mehr geläufig sind, können alle Spiele auf Karteikarten geschrieben und gesammelt werden. So können diese auch anderen Klassen zur Verfügung gestellt werden.

Die für die Spiele notwendigen Utensilien und die genaue Beschreibung der Durchführung (Spielregeln) müssen auf der Karteikarte angegeben werden.

Seite 117
Methodische Umsetzung

Im Vorfeld sammeln die Kinder und die Lehrerin deutsche Abzählverse und tragen sie vor.
Erst dann werden die englischen Abzählreime gesprochen und gelernt. Dabei sollte besonders auf die Aussprache geachtet werden.

Anschließend werden Gemeinsamkeiten zwischen den deutschen und englischen Reimen anhand des Reimschemas am Zeilenende festgestellt. Ggf. kann kurz thematisiert werden, dass die wortwörtliche Übersetzung sich nicht wie im Original reimt.

Die Gedichtform „Limerick" wird mit Hilfe des Leselexikons erschlossen. Die Definition dazu vergleichen die Kinder mit dem abgedruckten Limerick.

Alternativen und Differenzierungen

Zur Weiterarbeit können Abzählverse auf bunte Karten geschrieben und daraus ein Büchlein hergestellt werden.

Literaturtipp

Mother Goose Rhymes
ISBN 0-7853-1727-9

Leseseiten

Briefe von Felix S. 118/119

Den Kindern wird ein typisches Bild von London gezeigt. Sie sollen erraten, um welche Stadt es sich handeln könnte. Nach dem gemeinsamen Lesen des Textes werden Informationen über London, die sich aus dem Text ergeben, an der Tafel gesammelt. Die Begriffe „Hauptstadt" und „Residenz" werden im Leselexikon nachgeschlagen. Es kann ein Plakat zum Thema London angefertigt werden.

Die Kinder können aufschreiben, wie die Abenteuer von Felix weitergehen.

Weitere Fragen zum Text finden sich auf der Übungsseite 127.

Kopiervorlage 37 Seite 109
Kopiervorlage 44 Seite 116

Spuk im Schloss S. 120/121

Als Einstimmung auf den Text kann das Klassenzimmer verdunkelt und eine Leselampe eingeschaltet werden. Nach dem Lesen der Geschichte erzählen die Kinder sie mit eigenen Worten nach.

Dann wird nach Textstellen gesucht, die das Gespenst genauer beschreiben. Es erfolgt das eigenständige Beschreiben oder die bildliche Darstellung des Gespenstes.

Angeregt durch die Spukgeschichte können die Kinder nun eine eigene kurze Gespenstergeschichte schreiben.

Weitere Fragen zum Text finden sich auf der Übungsseite 127.

Zum Weiterlesen eignen sich Gespenster- und Gruselgeschichten aus der Leselöwenreihe oder „Das kleine Gespenst" von Ottfried Preußler.

Alice im Wunderland S. 122

Bevor dieser Text abschnittweise vorgelesen wird, sollte eine Information über den Schriftsteller Lewis Caroll gegeben werden.

Im Unterrichtsgespräch können folgende Fragen besprochen werden:
- *Warum lief Alice hinter dem Kaninchen her?*
- *War sie neugierig?*

Im Anschluss kann Bezug auf eigene Erfahrungen genommen werden:
- *Wann warst du einmal neugierig?*
- *Was ist dabei passiert?*

Danach erfolgt ein nochmaliges Lesen des Textes und die Diskussion der Frage, was Alice mit der Raupe erleben könnte. Die Kinder schreiben diese Erlebnisse auf oder zeichnen sie als Bildfolge.

Der Zeichentrickfilm „Alice im Wunderland" könnte mit dem Originaltext verglichen werden.

Lewis Carroll, eigentlich Charles Lutwidge Dodgson, wurde am 27.1.1832 in Daresbury geboren und starb am 14.1.1898 in Guildford. Er lehrte 6 Jahre Mathematik am Christ Church College in Oxford. Berühmt wurde er durch seine grotesken und humorvollen Romane „Alice im Wunderland" (dt. 1870, 1923) und „Alice hinter den Spiegeln" (dt. 1923, 1962), die er ursprünglich für die Tochter seines Dekans verfasste. Der besondere Reiz seiner Werke liegt in den Nonsenspartien.

Literaturtipp

P. L. Travers: „Mary Poppins". Ein Buch um eine Gouvernante, mit der Peter und Jane die seltsamsten Abenteuer erleben.
Dressler Verlag
ISBN 3-7915-3577-3.

Arbeitsheft Seite 35

Wie ein listiger Sperling ... S. 123

Nach dem Lesen wird besprochen, wie sich die Tiere verhalten. Der Kater und der Sperling werden mit einfachen Worten charakterisiert.

Der Begriff Fabel kann in einer leistungsstarken Klasse inhaltlich erläutert werden. Vielleicht können die Kinder weitere typische Fabeln und bestimmte Eigenschaften von Tieren nennen.

Literaturtipp zum Kapitelthema

Edith Nesbit: Die Kinder von Arden. Eine Geschichte um Kinder, die mit Hilfe eines weißen Maulwurfs ein Familiengeheimnis lösen und dabei in verschiedene Epochen der englischen Geschichte reisen.
2 Audio-CDs, erschienen bei Igel-Records, Aktive Musikverlagsgesellschaft
ISBN 3-89353-812-7

Großbritannien

Zum Vereinigten Königreich Großbritannien gehören England,

Wales, Schottland und der Nordosten Irlands.

Staatsoberhaupt ist Königin Elizabeth II.

Die Insel liegt im Nordwesten Europas.

Sie ist fast 1.000 km lang und 500 km breit.

Die Hauptstadt von Großbritannien heißt London.

Die Amtssprache ist Englisch.

Die Sommer sind meist mäßig warm und die Winter mild.

Das ganze Jahr über regnet es häufig.

Große Flächen des fruchtbaren Bodens werden

für den Ackerbau und als Weideland genutzt.

Typisch für Großbritannien sind

die sehr großen Schafherden auf den grünen Wiesen.

❶ Unterstreiche die Antworten mit
- blau: Aus welchen Teilen besteht Großbritannien?
- gelb: Wie breit ist die Insel?
- grün: Wie sind die Winter?
- braun: Was ist typisch für Großbritannien?

Colours

❶ Male aus.
   Benutze für die Zahlen die angegebenen Farben:

1 = red	2 = green	3 = blue	4 = yellow
5 = black	6 = orange	7 = brown	8 = violet

Wortsuchspiel

In diesem Buchstabenfeld sind 28 Wörter mit T am Wortanfang versteckt.

❶ Umrahme die Wörter und schreibe sie mit Artikel darunter auf.

UE steht im Rätsel für den Umlaut Ü.

E	T	E	L	L	E	R	B	T	A	G
T	O	M	A	T	E	N	S	A	F	T
A	N	S	T	I	N	T	E	S	T	A
N	N	T	A	S	C	H	E	S	O	U
T	E	E	F	C	T	T	U	E	R	F
E	T	P	E	H	E	T	I	E	R	E
T	R	O	L	L	I	I	T	U	B	E
T	A	U	B	E	C	G	O	T	A	U
T	U	E	T	E	H	E	R	T	A	T
G	B	T	A	X	I	R	T	R	A	B
T	E	L	E	F	O	N	E	I	N	G

_____

_____

_____

_____

_____

_____

_____

_____

Ein englischer Maler

❶ Lies noch einmal den Text auf Seite 107.
❷ Beantworte die Fragen in Sätzen.

Wie hieß der Maler mit Vornamen?

Wann wurde er getauft?

Wo wurde er getauft?

Wie alt war er, als er nach London kam?

Was malte er?

Wo hängen seine Bilder?

Was gefällt dir an dem Bild?

Memory mit zusammengesetzten Nomen

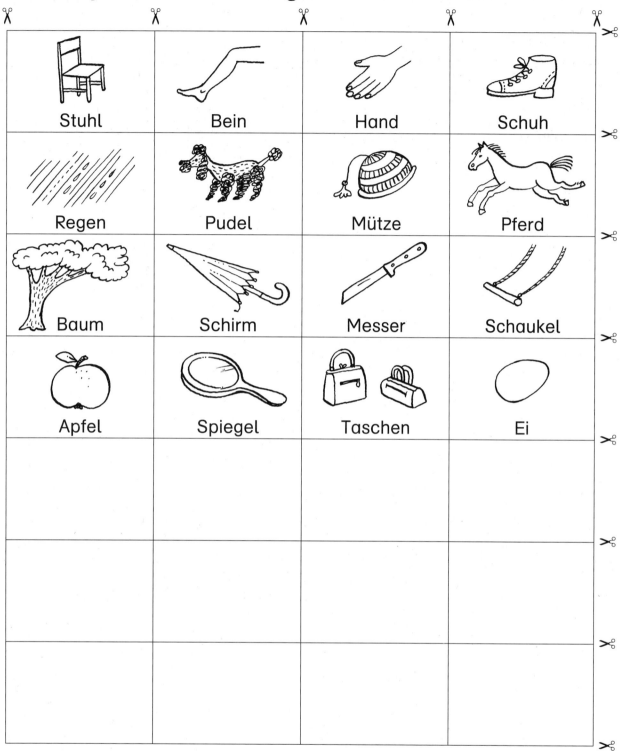

Stuhl	Bein	Hand	Schuh
Regen	Pudel	Mütze	Pferd
Baum	Schirm	Messer	Schaukel
Apfel	Spiegel	Taschen	Ei

❶ Schneidet die Karten aus.

Legt sie verdeckt auf den Tisch. Der erste Spieler dreht zwei Karten um. Ergeben sie ein zusammengesetztes Nomen, so kann er die Karten behalten. Er darf noch einmal probieren. Sonst ist der zweite Spieler an der Reihe.

Gewonnen hat, wer die meisten Karten hat.

❷ Ihr könnt das Spiel mit weiteren Karten ergänzen.

Pantomime

1. Schneide die Kärtchen aus und lege sie verdeckt auf den Tisch.
2. Ein zweites Kind nimmt ein Kärtchen, liest es und tut das, was darauf steht.
3. Die anderen raten, was darauf stand.
4. Wer es errät, bekommt das Kärtchen.
5. Wer am Ende die meisten Karten hat, hat gewonnen.

Lege die Hände auf den Tisch!	*Mache die Augen zu!*
Lege einen Stift unter den Stuhl!	*Fasse an dein linkes Ohr!*
Strecke ein Bein hoch!	*Ziehe deine Schuhe aus!*
Huste einmal!	*Lache laut!*
Hocke dich neben deinen Stuhl!	*Räume deinen Ranzen auf!*
Lege ein Heft auf die Fensterbank!	*Male eine Blume an die Tafel!*
Kratze dich am Bauch!	*Schüttele deinem Nachbarn die Hand!*

6. Du kannst dir noch mehr Aufgaben ausdenken und auf weitere Kärtchen schreiben.

Die Nachtwanderung

Tom schreibt in sein Reisetagebuch:

Zuerst trafen wir uns alle an der großen Eiche.
Und dann gingen wir immer tiefer in den Wald.
Und dann sah ich zwei funkelnde Augen.
Aber es war zum Glück nur ein Kätzchen.
Und dann war Willy nicht mehr da.
Und dann fanden wir ihn.
Er beobachtete Glühwürmchen.
Und dann gingen wir schnell zurück.

① Lies den Text. Was stellst du fest?
② Unterstreiche alle Satzanfänge mit „Und dann".
③ Ersetze diese mit den folgenden Wörtern:

| Danach | Endlich | Plötzlich | Schließlich | Auf einmal |

London Bridge is falling down

Text und Melodie: überliefert

2. Build it up with iron bars.   *Bau sie auf mit Eisenstangen.*
3. Iron bars will rust and break.   *Eisenstangen werden rosten und brechen.*
4. Build it up with sticks and stones.   *Bau sie auf mit Stöcken und Steinen.*
5. Sticks and stones will soon fall down.   *Stöcke und Steine werden bald fallen.*
6. Here's a prisoner we have got.   *Hier haben wir den Gefangenen.*
7. What do you want: *Was möchtest du:*
   An apple or an orange?   *Einen Apfel oder eine Orange?*

Spielanleitung:

❶ Zwei Kinder bilden eine Brücke.
   Ihnen werden zwei Wörter zugeordnet:
   „apple" und „orange".

❷ Alle anderen Kinder müssen nun
   durch die Brücke hindurch laufen.

❸ Dabei wird gemeinsam das Lied
   gesungen.

❹ Bei Strophe 6 fällt die Brücke zusammen.

❺ Das gefangene Kind wird nun von den
   beiden Kindern gefragt:
   „What do you want: An apple
   or an orange?"

❻ Das Kind muss sich nun entscheiden,
   hinter welches Kind es sich stellen will.

❼ Gewonnen hat das Kind, hinter dem
   die meisten Kinder stehen.

Kapitel 6 – Zeit vergeht

Einleitende Worte

In dem Kapitel „Zeit vergeht" spielt die Literaturgattung Märchen eine wichtige Rolle. Kinder kennen Märchen bereits aus ihren frühesten Lebensjahren. Die Wichtigkeit dieser Erzählform ist unbestritten.

Inhaltlich geht es zunächst um das Leben vor etwa einhundert Jahren. Es erzählt die Zeit der Urgroßmütter.

In diesem Kapitel lernen die Kinder außerdem auf einfache Weise Strukturmerkmale des Märchens kennen.

Lerninhalte und Ziele

Die Kinder
- vertiefen ihr Wissen über Märchen und ihre Merkmale, Entstehung und Bedeutung,
- erzählen, bestimmen, spielen, lesen und schreiben Märchen,
- vergleichen das Leben von früher und heute anhand von Texten,
- lernen Präfix- und Suffixbildung kennen,
- erfassen die Bedeutung von gegenteiligen Adjektiven,
- üben Wörter mit doppeltem Vokal,
- üben Wörter mit K/k am Wortanfang sowie mit ei, qu und x,
- ordnen Wörter in eine Tabelle,
- vertiefen den Umgang mit Reimen und Reimwörtern.

Kapitelauftaktseite

Es ist wichtig, die mündliche Erzählung als Ausgangspunkt für die Überlieferung der später schriftlich festgehaltenen Märchen zu nutzen. Im Anschluss daran betrachten die Kinder die Kapitelauftaktseite. Sie benennen die Märchen, wobei ein oder zwei Märchen auch kurz erzählt werden können. Es hat sich bewährt, dass ein Kind beginnt, ein anderes fortfährt usw. Die Anfangsformel „Es war einmal" und die Schlussformel „Und wenn sie nicht gestorben sind ..." ist dabei fast allen Kindern bekannt.

Weitere Abbildungen (Waschfrau, Spinnrad, Jungen, Mülleimer, Bügeleisen) verweisen auf einen weiteren Aspekt des Kapitels. Auch hierzu können Gespräche geführt werden, z. B. Was zeigen diese Abbildungen? Aus welcher Zeit stammen diese Dinge? usw.

Ein Sommertag vor 100 Jahren

Peter steht um halb fünf auf.
Sein Vater ist schon seit vier Uhr auf dem Feld zur Ernte.
Peter mistet den Stall aus und füttert die Kühe.
Zur gleichen Zeit weicht seine Schwester die Wäsche ein.
Nach dem Frühstück wollen seine Mutter und seine Tante
die Wäsche waschen. Peter geht dann zur Schule.
Nur am Sonntag ist kein Unterricht. Da gehen alle in die Kirche.

Nachmittags muss Peter Holz hacken.
Am Abend essen alle aus einer großen Schüssel Grütze ■.
Später erzählt sein Großvater Märchen und die Mutter
näht Wäsche. Sein Bruder und sein Onkel schnitzen Holzlöffel.

❶ Wer gehört zu Peters Familie? Schreibe die Nomen für Verwandte
mit dem bestimmten Artikel untereinander.

❷ Suche für jeden Verwandten den dazugehörenden Partner.
Schreibe so: *die Mutter – der Vater, …*

❸ Was tun die einzelnen Personen?
Schreibe so: *Peter steht auf. – Er steht auf.*

Was Babsis Oma früher erlebt hat, liest du auf S. 148 ■ >

Schwester Bruder Mutter Vater Tante Onkel Großvater

130

Ein Sommertag heute

Peter steht um halb sieben auf. Er frühstückt mit seinen Eltern
und seiner Schwester. Dann geht er zur Schule.
Seine Eltern bringen seine Schwester in den Kindergarten.
Danach fahren sie zur Arbeit. Peters Mutter ist Arzthelferin.
Sein Vater arbeitet in einem Büro.
Um 17 Uhr sind sie immer zu Hause.
Deshalb geht Peter zum Mittagessen zu seinen Großeltern.

Am Nachmittag macht Peter Schularbeiten.
Am Dienstag und Donnerstag spielt er Fußball.
Jeden Freitag wäscht seine Mutter seine Sportsachen
in der Waschmaschine.
Am Wochenende unternehmen alle gemeinsam etwas.

❶ Welches Kind möchtest du lieber sein?
Vergleiche die Texte.
Schreibe deine Meinung auf und begründe sie.

❷ Schreibe die Wochentage auf und ergänze die fehlenden.
Die Wörterliste hilft dir.

❸ Wie sieht dein Tagesablauf aus? Schreibe ihn auf.
Du kannst auch Bilder dazu malen.

Dienstag   Donnerstag   Freitag   unternehmen

131

Lernziele – Seite 130

Die Kinder
- lesen einen Text,
- schreiben die Verwandtschaftsbezeichnungen mit Artikel aus dem Text heraus,
- finden die Bezeichnungen für die jeweiligen Partner,
- ersetzen die Nomen propädeutisch durch jeweilige Pronomen in der 3. Person Einzahl und Mehrzahl,
- können mit dem Leselexikon umgehen.

Lernwörter
- Schwester, Bruder, Mutter, Vater, Tante, Onkel, Großvater

Lernziele – Seite 131

Die Kinder
- vergleichen den Text mit dem der Vorseite,
- äußern und begründen die eigene Meinung über den Text,
- erfassen die Wochentage aus einem Text und schreiben sie auf,
- ergänzen mittels Wörterliste die fehlenden Wochentage,
- können über den eigenen Tagesablauf berichten.

Lernwörter
- Dienstag, Donnerstag, Freitag, unternehmen

Hinweise und Anregungen zur Unterrichtsgestaltung

Seite 130
Methodische Umsetzung

Die Lehrerin und die Kinder bringen alte Postkarten, Bücher, Fotos etc. mit. Sie werden dadurch angehalten, ihr Vorwissen über frühere Zeiten einzubringen.

Nach dem Lesen des Textes und dem Nachschlagen des Begriffs „Grütze" werden die Namen für Verwandte herausgesucht. Daran schließt sich die Frage an: „Wer gehört zu deiner Familie?" Anschließend schreiben die Kinder die Verwandtschaftsbezeichnungen aus dem Text mit Artikel untereinander auf und suchen den dazugehörenden Partner (Schwester – Bruder, usw.).

Zum propädeutischen Einsatz kommen die Pronomen in Verbindung mit den Verbformen in Übung 3. Die Kinder ersetzen die Nomen durch die Pronomen und schreiben in der 3. Person Einzahl und Mehrzahl auf, was die jeweiligen Figuren tun.

Alternativen und Differenzierungen

Die Kinder schreiben die Verwandtschaftsbegriffe auf, die an der Pinnwand befestigt werden und so zur Rechtschreibsicherung beitragen.

Als weitere Aufgabe bietet sich die Überlegung an, was die einzelnen Personen außer den im Text erwähnten Aufgaben noch tun könnten. (z. B. Die Mutter näht Wäsche. Sie kocht. Sie ...) Leistungsschwächere Kinder versuchen, alle Sätze in die 1. Person Singular zu setzen. Dazu sollte ein Beispiel gegeben werden.

Es wäre auch möglich, anhand der Geschichte einen einfachen Stammbaum zu entwickeln.

Bezüge zum Leseteil

Auf Seite 148 kann das Lesestück „Und vorher?" von Gina Ruck-Pauquèt in verteilten Rollen gelesen werden.

Fächerübergreifende Anregungen

Im Rahmen des Sachunterrichts kann man Heimatmuseen besuchen, die oftmals auch Klassenkurse anbieten: z. B. Brotbacken früher.

Arbeitsheft Seite 36

Kopiervorlage 45 Seite 131

Seite 131
Methodische Umsetzung

Der Text wird gelesen. Da Kinder heute häufig mit Problemen wie Arbeitslosigkeit und Alleinerziehung in Berührung kommen, ist es nicht ratsam, einen Einstieg über die aktuelle Situation der Kinder zu wählen. Günstiger ist der sofortige Vergleich mit dem Text auf der Vorseite unter der Fragestellung: *„Wo möchtest du lieber leben/hättest du lieber gelebt?"*

Die Kinder nennen ihre Meinungen und versuchen, diese zu begründen. Stichwortartig werden Vor- und Nachteile an der Wandtafel festgehalten, damit die Kinder bei der späteren schriftlichen Beantwortung der Frage Rechtschreibmaterial zur Verfügung haben.

Für den weiteren Unterrichtsverlauf oder auch als Hausaufgabe eignet sich das Herausschreiben der Wochentage.

Alternativen und Differenzierungen

Das Aufschreiben des Tagesablaufs in Aufgabe 3 sollte den leistungsstärkeren Kindern vorbehalten bleiben. Schwächere Kinder können sich mündlich zum Tagesablauf äußern, etwas dazu aufzeichnen oder aufkleben. Vorbereitend dazu können die Kopiervorlagen eingesetzt werden.

Bezüge zum Übungsteil

Auf Seite 153 ist unter „Wochentage" eine Übung zum Thema zu finden.

Fächerübergreifende Anregungen

Im Sachunterricht bietet es sich an, im Rahmen des Themas „Das Jahr" Wochentage, Monate und Jahreszeiten zu erarbeiten. Auch ein Projekt mit dem Thema „Meine Woche" bietet sich an. Dabei können die Kinder für alle gleiche und individuell unterschiedliche Aktivitäten auf einem Wandbild gestalten.

Arbeitsheft Seite 37

Kopiervorlage 45 Seite 131
Kopiervorlage 46 Seite 132

Anna erzählt

Meine Urgroßmutter hatte sechs Kinder.
Da gab es immer viel zu tun:
Sie musste morgens das Feuer im Herd anmachen und Wasser holen. Waschen und Bügeln waren anstrengend.
Die schweren Wäschestücke mussten eingeweicht, gekocht und gerubbelt werden, bevor man sie aufhängen konnte.
Zum Bügeln musste man das Bügeleisen auf den Herd stellen um es zu erhitzen. Meine Urgroßmutter sagt, heute ist alles leichter.

Meine Mutter ist Ärztin.
Oft kommt sie erst spät nach Hause.
Dann ist sie froh, dass wir eine Waschmaschine und einen Geschirrspüler haben.
Auch meine Tante Lisa arbeitet.
Sie ist Taxifahrerin.
Ich werde später Tänzerin oder Schauspielerin.

Beschreibe einen Beruf und lass ihn erraten.

❶ Warum meint Annas Urgroßmutter, dass heute alles leichter ist?

❷ Im Text sind einige Berufe genannt. Schreibe sie mit Artikel auf.

❸ Was möchtest du später werden? Schreibe es auf und begründe deinen Wunsch.

132

Ihre Urgroßmutter erzählt

Als ich jung war, konnte man Kleider nicht fertig kaufen.
Man ging zu einer Schneiderin um sie sich nähen zu lassen.
Ich bin immer mit meiner Mutter zu Frau Ritters gegangen.
Sie hat auch Sachen weiter oder kleiner gemacht.
Frau Ritters hat damals auch mein Brautkleid genäht.
Wir haben an einem Freitag geheiratet und sind mit einer weißen Kutsche zur Kirche gefahren.
Frau Ritters hat meiner Mutter ein schwarzes Seidenkleid genäht.

❶ Was erfährst du über die Schneiderin?

❷ Schreibe alle Wörter mit dem Zwielaut ei heraus. Unterstreiche den Zwielaut.

❸ Suche Reimwörter: *ein, mein, …*

❹ Schreibe alle Wörter mit K/k am Wortanfang auf.

❺ Was kann dir deine Großmutter erzählen?

Gibt es den Beruf der Schneiderin heute noch?

| Kleid | klein | kaufen | heiraten | weiß |

133

Lernziele – Seite 132

Die Kinder
- lesen einen Text sinnentnehmend,
- können Vermutungen zu einer Fremdaussage äußern,
- schreiben Berufsbezeichnungen aus dem Text heraus,
- formulieren eigene Berufswünsche,
- schreiben und begründen eigene Wünsche,
- sollen für das Leben und den Alltag in früheren Zeiten interessiert werden.

Lernziele – Seite 133

Die Kinder
- lesen den Text sinnentnehmend und erzählen, was man über die Schneiderin erfährt,
- vermuten und benennen Unterschiede im Berufsbild zwischen früher und heute,
- erfassen Wörter mit dem Zwielaut ei und schreiben sie heraus,
- finden Reimwörter zu dem Baustein „ein",
- erfassen Wörter mit K/k am Wortanfang und schreiben sie heraus,
- erkundigen sich über vergangene Zeiten, indem sie ältere Menschen befragen.

Lernwörter
- Kleid, klein, kaufen, heiraten, weiß

Hinweise und Anregungen zur Unterrichtsgestaltung

Seite 132
Methodische Umsetzung

Die Lehrerin bringt ein Bild von einer modernen Waschmaschine mit. Im weiterführenden Gespräch sollen die Kinder weitere Geräte nennen, die die Hausarbeit heute erleichtern (z. B. Staubsauger, Kaffeemaschine etc.). Erst dann wird das Bild im Buch betrachtet und der Text gelesen.

Den Kindern wird schnell deutlich, wie sehr sich die Zeiten verändert haben. Sie können weitere Beispiele für Dinge anführen, die das Leben heute erleichtern. Über dieses Gespräch werden sie verstehen, warum Annas Urgroßmutter heute alles leichter findet und deren Meinung begründen können.

Das Gespräch sollte aber auch in die entgegengesetzte Richtung gelenkt werden:

Was könnte früher schöner/besser/angenehmer gewesen sein?

Die Kinder sollten in dem Zusammenhang auch erfahren, dass es damals nur wenige Berufe für Frauen gab. Die im Folgetext enthaltenen Berufe sollen herausgeschrieben werden.

Alternativen und Differenzierungen

Zur Auflockerung bietet sich „Beruferaten" an: Ein Kind beschreibt einen Beruf oder stellt ihn pantomimisch dar, die anderen raten.

Für leistungsstärkere Kinder eignet sich Aufgabe 3, das Aufschreiben eigener Berufswünsche. Leistungsschwächere Kinder können ihren Berufswunsch zeichnen und mündlich erläutern.

Bezüge zum Lese- und Übungsteil

Auch hier kann das Lesestück „Und vorher?" von Gina Ruck-Pauquèt auf den Seiten 150/151 eingesetzt werden.

Eine Übung zum sinnentnehmenden Lesen beinhaltet die Seite 155 unter „Und vorher?".

Fächerübergreifende Anregungen

Im Sachunterricht bietet sich die exemplarische Darstellung eines Arbeitsplatzes an. Dazu könnte ein Elternteil an seinem Arbeitsplatz besucht oder jemand eingeladen werden.

Arbeitsheft Seite 36

Seite 133
Methodische Umsetzung

Nach dem Lesen des Textes sollen die Kinder ihr Wissen über diesen Beruf wiedergeben.

Mündlich kann dabei ein Vergleich von früher und heute angestellt werden.

Nach dieser Einleitung erfolgt der Übergang in den Rechtschreibbereich. Die Kinder schreiben alle Wörter mit dem Zwielaut „ei" heraus und unterstreichen den Laut. Sie sollten nochmals darauf hingewiesen werden, dass man zwar „ai" hört, aber „ei" schreibt.

Anschließend suchen sie Reimwörter zum Wortbaustein „ein".

Im Folgenden suchen die Kinder alle Wörter mit K oder k am Anfang heraus und schreiben sie auf. Um ein K von einem G zu unterscheiden, halten sie die flache Hand vor den Mund und sprechen beide Buchstaben abwechselnd. Sie merken, dass das K einen stärkeren Luftstrom erzeugt als das G.

Alternativen und Differenzierungen

Die Kinder können weitere Wörter mit K/k am Wortanfang bzw. Wortbausteine mit „ein" in der Wörterliste nachschlagen.

Am Ende der Einheit erhalten die Kinder die Aufgabe, ihre Großmutter oder andere ältere Menschen über vergangene Zeiten zu befragen. Dabei kann gemeinsam ein Fragenkatalog erarbeitet und im Anschluss an die Befragung ausgewertet werden. Die Ergebnisse kann man dann im Sachunterricht wieder aufgreifen.

Ein Besuch im Altenheim kann damit verbunden und vorbereitet werden. Weiterhin ist ein Gespräch zum Thema Modetrends (keine Hosen für Frauen früher, Zwang zu Markensachen) denkbar.

Bezüge zum Leseteil

Der Lesetext „Neue Schuhe" von Anne Steinwart auf den Seiten 150/151 kann für dieses Thema herangezogen werden.

Arbeitsheft Seite 38

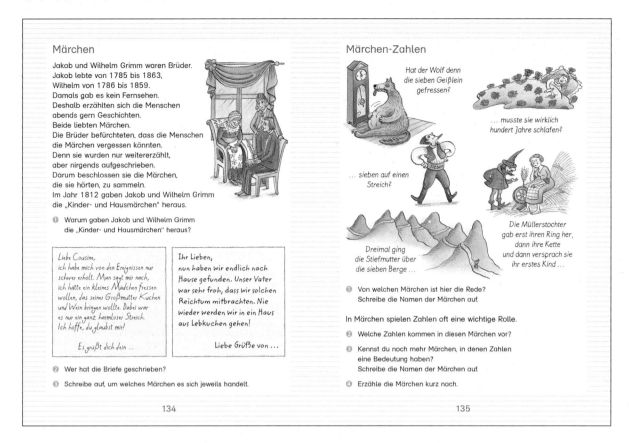

Märchen

Jakob und Wilhelm Grimm waren Brüder.
Jakob lebte von 1785 bis 1863,
Wilhelm von 1786 bis 1859.
Damals gab es kein Fernsehen.
Deshalb erzählten sich die Menschen
abends gern Geschichten.
Beide liebten Märchen.
Die Brüder befürchteten, dass die Menschen
die Märchen vergessen könnten.
Denn sie wurden nur weitererzählt,
aber nirgends aufgeschrieben.
Darum beschlossen sie die Märchen,
die sie hörten, zu sammeln.
Im Jahr 1812 gaben Jakob und Wilhelm Grimm
die „Kinder- und Hausmärchen" heraus.

❶ Warum gaben Jakob und Wilhelm Grimm
die „Kinder- und Hausmärchen" heraus?

Liebe Cousine,
ich habe mich von den Ereignissen nur
schwer erholt. Man sagt mir nach,
ich hätte ein kleines Mädchen fressen
wollen, das seiner Großmutter Kuchen
und Wein bringen wollte. Dabei war
es nur ein ganz harmloser Streich.
Ich hoffe, du glaubst mir!

Es grüßt dich dein ...

Ihr Lieben,
nun haben wir endlich nach
Hause gefunden. Unser Vater
war sehr froh, dass wir solchen
Reichtum mitbrachten. Nie
wieder werden wir in ein Haus
aus Lebkuchen gehen!

Liebe Grüße von ...

❷ Wer hat die Briefe geschrieben?

❸ Schreibe auf, um welches Märchen es sich jeweils handelt.

134

Märchen-Zahlen

Hat der Wolf denn
die sieben Geißlein
gefressen?

... musste sie wirklich
hundert Jahre schlafen?

... sieben auf einen
Streich?

Die Müllerstochter
gab erst ihren Ring her,
dann ihre Kette
und dann versprach sie
ihr erstes Kind ...

Dreimal ging
die Stiefmutter über
die sieben Berge ...

❶ Von welchen Märchen ist hier die Rede?
Schreibe die Namen der Märchen auf.

In Märchen spielen Zahlen oft eine wichtige Rolle.

❷ Welche Zahlen kommen in diesen Märchen vor?

❸ Kennst du noch mehr Märchen, in denen Zahlen
eine Bedeutung haben?
Schreibe die Namen der Märchen auf.

❹ Erzähle die Märchen kurz nach.

135

Lernziele – Seite 134

Die Kinder
- erfahren etwas über die Entstehung und
Bedeutung von Grimms Märchen durch
sinnerfassendes Lesen des Textes,
- erkennen anhand von Brieftexten Märchen-
figuren,
- schreiben die Namen von Märchen auf.

Lernziele – Seite 135

Die Kinder
- bestimmen die in den Ausschnitten dargestellten Märchen,
- erkennen die Bedeutung der Zahlen als
Strukturmerkmal in den Märchen,
- finden weitere Märchen, in denen Zahlen
eine Rolle spielen,
- erzählen die Märchen kurz nach.

Seite 134
Methodische Umsetzung

Die Kinder werden aufgefordert, sich über Märchen, die sie kennen, zu äußern. Nach dem Lesen des Sachtextes werden die von den Kindern genannten Grimms Märchen an der Tafel festgehalten.

Anschließend wird durch sinnentnehmendes Lesen die Frage zu Aufgabe 1 beantwortet.

Danach wird einer der Briefe gelesen. Die Kinder nennen den Titel des Märchens und woran sie das Märchen erkannt haben. Diese Nennungen werden an der Wandtafel festgehalten, z. B.

Titel	Erkannt an	Absender
Hänsel und Gretel	Lebkuchen-haus	

Im vorliegenden Fall sind die Märchen
- „Rotkäppchen", Absender: der Wolf,
- „Hänsel und Gretel", Absender: Hänsel und Gretel.

In der Stillarbeitsphase schreiben die Kinder die Märchen und die Absender der Briefe auf. Zur Weiterarbeit im Fach Deutsch können weitere Briefe verfasst werden, deren Absender erraten werden sollen. Eines der beiden Märchen kann im Anschluss daran gelesen werden.

Alternativen und Differenzierungen

Die leistungsstarken Kinder versuchen, einen Brief zu entwerfen, den der Froschkönig an jemanden schreibt, bevor/nachdem er von der Prinzessin an die Wand geworfen worden ist. Währenddessen können die schwächeren Kinder einen der Briefe abschreiben und mit einem Bild versehen.

Seite 135
Methodische Umsetzung

Beim Lesen der Bilduntertitel und Betrachten der Illustrationen werden die Kinder schnell erkennen, um welche Märchen es sich handelt. Deren Titel sollten an der Tafel festgehalten werden. Durch einen gezielten Impuls der Lehrerin erkennen die Kinder, dass in jedem Abschnitt eine Zahl eine Rolle spielt. So erfassen sie ein weiteres Strukturmerkmal des Märchens: Bestimmte Zahlen spielen eine wichtige Rolle. Sie schreiben die Zahlen heraus. Gemeinsam werden nun Märchen erarbeitet, in denen auch

Zahlen bzw. die mehrfache Wiederholung einer Situation vorkommt:
- Aschenputtel geht dreimal zum Bäumchen,
- Sechse kommen durch die ganze Welt,
- Die sieben Raben,
- Das tapfere Schneiderlein erschlägt sieben (Fliegen) auf einen Streich,
- Der Wolf kommt dreimal zum Haus der sieben Geißlein,
- Dreimal fragt Rotkäppchen die vermeintliche Großmutter usw.

Zum Schluss sollen die im Bild dargestellten Märchen mündlich beschrieben werden. Auf der Kopiervorlage ist das Märchen „Rumpelstilzchen" in Kurzform abgedruckt.

Alternativen und Differenzierungen

Eine Möglichkeit wäre, dass beim Erzählen von Märchen ein Kind beginnt und ein nächstes Kind jeweils einen weiteren Satz beisteuert.

Um den Überblick der Kinder über die Märchen zu vergrößern, können ausländische Kinder Märchen aus ihren Ländern vorstellen. Weiterhin ist es möglich, ein Frage- und Antwortspiel als Wissensquiz zu entwickeln. Die Antworten werden auf die Rückseite der Fragekarten geschrieben.

Ein Märchen kann aufgeführt werden. Die Kostüme und die Kulissen werden selbst entworfen und hergestellt. Auch hier sollte, wenn möglich, die Hilfe der Eltern in Anspruch genommen werden.

Fächerübergreifende Anregungen

In Kunst kann ein Märchen von dieser Seite aufgegriffen und gestaltet werden.

In Religion kann die Bedeutung der Zahlen 7 und 40 in der Bibel erörtert werden.

....

Kopiervorlage 47 Seite 133

....

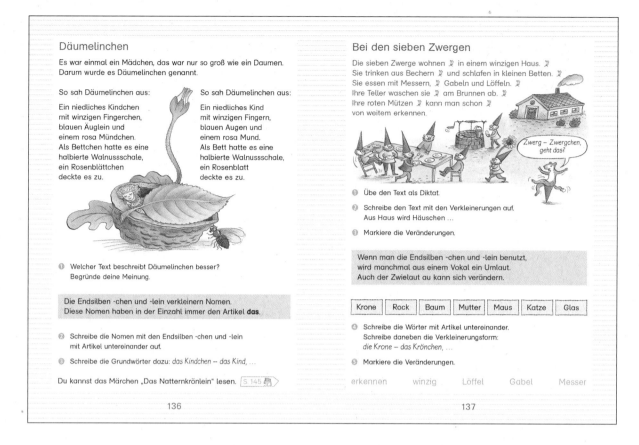

Däumelinchen

Es war einmal ein Mädchen, das war nur so groß wie ein Daumen. Darum wurde es Däumelinchen genannt.

So sah Däumelinchen aus:

Ein niedliches Kindchen mit winzigen Fingerchen, blauen Äuglein und einem rosa Mündchen. Als Bettchen hatte es eine halbierte Walnussschale, ein Rosenblättchen deckte es zu.

So sah Däumelinchen aus:

Ein niedliches Kind mit winzigen Fingern, blauen Augen und einem rosa Mund. Als Bett hatte es eine halbierte Walnussschale, ein Rosenblatt deckte es zu.

❶ Welcher Text beschreibt Däumelinchen besser? Begründe deine Meinung.

> Die Endsilben -chen und -lein verkleinern Nomen. Diese Nomen haben in der Einzahl immer den Artikel **das**.

❷ Schreibe die Nomen mit den Endsilben -chen und -lein mit Artikel untereinander auf.

❸ Schreibe die Grundwörter dazu: *das Kindchen – das Kind, …*

Du kannst das Märchen „Das Natternkrönlein" lesen. S. 145

136

Bei den sieben Zwergen

Die sieben Zwerge wohnen ✍ in einem winzigen Haus. ✍
Sie trinken aus Bechern ✍ und schlafen in kleinen Betten. ✍
Sie essen mit Messern, ✍ Gabeln und Löffeln. ✍
Ihre Teller waschen sie ✍ am Brunnen ab. ✍
Ihre roten Mützen ✍ kann man schon ✍
von weitem erkennen.

Zwerg – Zwergchen, geht das?

❶ Übe den Text als Diktat.

❷ Schreibe den Text mit den Verkleinerungen auf. Aus Haus wird Häuschen …

❸ Markiere die Veränderungen.

> Wenn man die Endsilben -chen und -lein benutzt, wird manchmal aus einem Vokal ein Umlaut. Auch der Zwielaut au kann sich verändern.

| Krone | Rock | Baum | Mutter | Maus | Katze | Glas |

❹ Schreibe die Wörter mit Artikel untereinander. Schreibe daneben die Verkleinerungsform: *die Krone – das Krönchen, …*

❺ Markiere die Veränderungen.

erkennen   winzig   Löffel   Gabel   Messer

137

Lernziele – Seite 136

Die Kinder

- erlesen Texte,
- erkennen und begründen, welcher Text das Bild zu Däumelinchen besser beschreibt,
- erkennen die Funktion der Verkleinerungsformen „-chen" und „-lein",
- bilden Verkleinerungsformen und schreiben sie auf,
- bilden dazu die Grundwörter und schreiben sie nieder.

Lernziele – Seite 137

Die Kinder

- üben einen Diktattext,
- formulieren einen Text mit Verkleinerungsformen um,
- erfassen die Veränderung von Vokalen zu Umlauten bei der Benutzung der Endsilben,
- bilden aus Nomen in der Grundform die Verkleinerungsform mit Artikel,
- heben die Veränderungen hervor.

Lernwörter

- erkennen, winzig, Löffel, Gabel, Messer

Hinweise und Anregungen zur Unterrichtsgestaltung

Seite 136
Methodische Umsetzung

Als Einstieg bietet es sich an, z.B. zwei unterschiedlich große Puppen mitzubringen. Günstig wäre eine Puppe, die so klein ist, dass sie wirklich in eine Nussschale passt. Die Kinder wissen, welche Puppe das „Püppchen" darstellt. Sie erhalten von der Lehrerin den Impuls zu erklären, dass kleinere Dinge oftmals mit „-chen" oder „-lein" benannt werden, diese Endsilben also ein sprachliches Mittel der Verniedlichung sind. Es schließen sich weitere Gegenüberstellungen anhand der Puppe an:

Bein – Beinchen,
Hand – Händchen usw.

Im Anschluss daran lesen die Kinder die Texte. Aufgabe 1 ist nun relativ leicht zu bearbeiten. Die Lehrerin schreibt an die Tafel:
die Puppe – das Püppchen.

Daran schließt sich die Regel an, dass Nomen mit den Endsilben „-chen" und „-lein" immer den Artikel „das" haben. Zur Überprüfung dieser Regel für die Kinder dienen die Aufgaben 2 und 3. Die Wörter mit den Verkleinerungsformen werden aus dem Text mit Artikel untereinander geschrieben. Anschließend werden die Grundwörter dazu gesetzt, wiederum mit Artikel. Als Stundenabschluss sollte das gesamte Märchen (vor)gelesen werden.

Bezüge zum Lese- und Übungsteil

Die Lesetexte „Das Rübenziehen" – ein russisches Volksmärchen – auf Seite 144 und „Das Natterkrönlein" nach Ludwig Bechstein auf Seite 145 können eingebunden werden.
Auf Seite 153 ist eine Übung unter „Wörter mit der Endung -chen" zu finden.
Mit Seite 155 kann das sinnerfassende Lesen des Textes „Das Natterkrönlein" überprüft werden.

Fächerübergreifende Anregungen

Im Lernbereich Kunst kann aus einer halbierten Walnuss, aus Stoff- und Watteresten sowie kleinen Schaumstoffkügelchen Däumelinchen im Bett(chen) gebastelt werden.

....

Arbeitsheft   Seite 39
....

Seite 137
Methodische Umsetzung

Die Kinder lesen den Text vor. Die Sätze werden dann in die Verkleinerungsformen gesetzt. Da der Text als Diktat geübt werden soll, bietet sich vorher eine Wiederholung der Übungsformen (vgl. Kapitel 1 und 2) an.
Zur Wiederholung und Festigung wird der Text nochmals mit den Wörtern in den Verkleinerungsformen aufgeschrieben. Dabei werden die Veränderungen markiert, d.h. bei Umlautbildung auch der neu entstandene Umlaut:
die Gabel - das Gäbelchen.

Im Anschluss daran sollte die Regel gelesen und besprochen werden, sodass sich bei den Kindern ein Wiedererkennungseffekt einstellen kann.
Das Wiesel Piri gibt den Kindern einen Hinweis, der sie erkennen lässt, dass man nicht alle Nomen mit „-chen" und „-lein" verkleinern kann.
Aufgaben 4 und 5 dienen zur vertiefenden Festigung.

Alternativen und Differenzierungen

Zur Weiterführung im Deutschunterricht eignet sich das Lesen von Zwergen- und Wichtelmärchen. Es kann ein eigenes Zwergen- oder Wichtelmärchen geschrieben werden.

....

Arbeitsheft   Seite 39
....

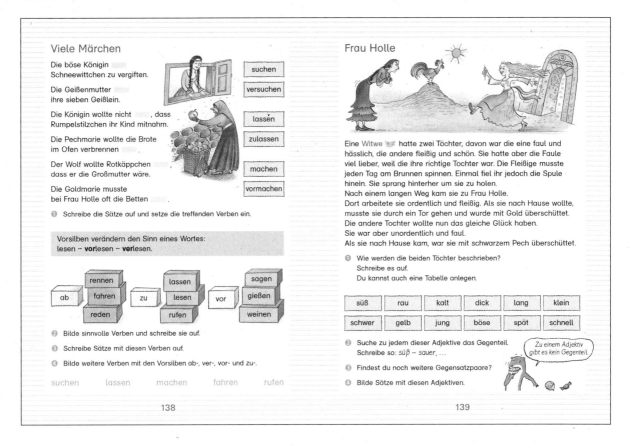

Viele Märchen

Die böse Königin ___ Schneewittchen zu vergiften.

Die Geißenmutter ___ ihre sieben Geißlein.

Die Königin wollte nicht ___, dass Rumpelstilzchen ihr Kind mitnahm.

Die Pechmarie wollte die Brote im Ofen verbrennen ___.

Der Wolf wollte Rotkäppchen ___ dass er die Großmutter wäre.

Die Goldmarie musste ___ bei Frau Holle oft die Betten ___.

suchen / versuchen / lassen / zulassen / machen / vormachen

① Schreibe die Sätze auf und setze die treffenden Verben ein.

Vorsilben verändern den Sinn eines Wortes:
lesen – **vor**lesen – **ver**lesen.

ab – rennen / fahren / reden
zu – lassen / lesen / rufen
vor – sagen / gießen / weinen

② Bilde sinnvolle Verben und schreibe sie auf.

③ Schreibe Sätze mit diesen Verben auf.

④ Bilde weitere Verben mit den Vorsilben ab-, ver-, vor- und zu-.

suchen   lassen   machen   fahren   rufen

138

Frau Holle

Eine Witwe hatte zwei Töchter, davon war die eine faul und hässlich, die andere fleißig und schön. Sie hatte aber die Faule viel lieber, weil die ihre richtige Tochter war. Die Fleißige musste jeden Tag am Brunnen spinnen. Einmal fiel ihr jedoch die Spule hinein. Sie sprang hinterher um sie zu holen.
Nach einem langen Weg kam sie zu Frau Holle.
Dort arbeitete sie ordentlich und fleißig. Als sie nach Hause wollte, musste sie durch ein Tor gehen und wurde mit Gold überschüttet.
Die andere Tochter wollte nun das gleiche Glück haben.
Sie war aber unordentlich und faul.
Als sie nach Hause kam, war sie mit schwarzem Pech überschüttet.

① Wie werden die beiden Töchter beschrieben?
Schreibe es auf.
Du kannst auch eine Tabelle anlegen.

| süß | rau | kalt | dick | lang | klein |
| schwer | gelb | jung | böse | spät | schnell |

② Suche zu jedem dieser Adjektive das Gegenteil.
Schreibe so: *süß – sauer, ...*

③ Findest du noch weitere Gegensatzpaare?

④ Bilde Sätze mit diesen Adjektiven.

Zu einem Adjektiv gibt es kein Gegenteil.

139

Lernziele – Seite 138
Die Kinder
- erkennen anhand der Kurztexte Märchen,
- setzen mündlich Verben in die Lückentexte ein,
- erfassen durch Satzpaare die unterschiedlichen Aussagen und Bedeutungen der Sätze,
- übertragen vollständige Sätze in das Heft,
- erkennen, dass Vorsilben die Bedeutung von Verben verändern,
- können aus vorgegebenen Verben und Vorsilben sinnvolle Verben bilden und aufschreiben,
- bilden weitere Verben mit den Vorsilben ab-, ver-, vor- und zu-.

Lernziele – Seite 139
Die Kinder
- lesen ein Märchen,
- können die Töchter aus dem Märchen anhand des Gelesenen charakterisieren,
- suchen gegensätzliche Adjektive heraus und schreiben sie auf,
- ordnen weitere Gegensatzpaare zu,
- bilden weitere Gegensatzpaare,
- können Sätze mit den entsprechenden Adjektiven bilden,
- können Wörter im Leselexikon nachschlagen.

Lernwörter
- suchen, lassen, machen, fahren, rufen

Hinweise und Anregungen zur Unterrichtsgestaltung

Seite 138
Methodische Umsetzung

Zunächst betrachten die Kinder das Bild und beschreiben die dargestellte Märchensituation. Im Anschluss daran lesen sie den ersten Satz und versuchen, die vorgegebenen Wörter in die Lücken einzusetzen. In Anlehnung daran werden die weiteren Sätze gebildet. Anschließend schreiben sie die richtigen Sätze auf. In dieser Phase erfolgt das Anbahnen oder Erkennen der Regel. Dabei sollte auf die Bedeutungsunterschiede von Verben eingegangen werden und diese von den Kindern erläutert werden. Die Kinder erkennen, dass Vorsilben den Sinn eines Verbs verändern. In Übung 2 bilden sie aus vorgegebenen Verben und Vorsilben weitere sinnvolle Verben und schreiben diese auf. Es bietet sich an, weitere Verben in der Wörterliste zu suchen und zu sammeln (siehe Kopiervorlage).

Alternativen und Differenzierungen

Man kann relativ leicht einen Würfel herstellen, auf dessen Seiten verschiedene Vorsilben stehen, dazu einen zweiten mit Verben. Durch Würfeln werden dann sinnvolle und sinnlose Verben gebildet und besprochen. Auch der Einsatz von zwei beweglichen Rollen ist möglich.
Schnell arbeitende Kinder können weitere Verben mit den Vorsilben ab-, ver-, vor- und zu- bilden und anschließend Sätze mit diesen Verben aufschreiben (siehe auch Kopiervorlage). Diese Aufgabe eignet sich auch als Hausaufgabe.

Bezüge zum Übungsteil

Auf der Seite 154 sind unter „Vorsilben" Übungen dazu zu finden.

....

Arbeitsheft   Seite 40

....

Kopiervorlage 48   Seite 134

....

Seite 139
Methodische Umsetzung

Die Lehrerin liest das Märchen in der Originalform vor. Danach lesen die Kinder die Geschichte und erzählen sie noch einmal nach. Im Leselexikon wird der Begriff „Witwe" nachgeschlagen.

Die Kinder charakterisieren im Anschluss die zwei Protagonistinnen.
Nun geht es um die schriftliche Beschreibung der Goldmarie bzw. der Pechmarie. Die Lehrerin legt an der Wandtafel eine Tabelle an:

Goldmarie	Pechmarie
fleißig	*faul*
...	...

In diese werden die Äußerungen der Kinder eingetragen. Auch andere als die im Text vorkommenden Adjektive können eingetragen werden. Nach dieser Erarbeitungsphase arbeiten die Kinder selbstständig weiter. Daran schließt sich Aufgabe 2 an, bei der das jeweilige Gegenteil zu einem vorgegeben Adjektiv gefunden und aufgeschrieben werden soll. Dabei sollten die Wörter paarweise gegenübergestellt werden. Zu einem Adjektiv gibt es kein Gegenteil: gelb.

Alternativen und Differenzierungen

Dabei kann die Wörterliste benutzt werden.
Anhand des Textes ist es möglich ein weiteres Merkmal der Märchen zu erarbeiten: die Gegenüberstellung von Gut und Böse, wobei das Gute gegen das Böse gewinnt.

Bezüge zum Übungsteil

Die Übung „Gegenteilige Adjektive" auf Seite 154 kann eingebunden werden.

Fächerübergreifende Anregungen

In Kunst bietet sich eine Collage an, bei der Frau Holle eine Bettdecke, die aus Stoff ausgeschnitten wird, aus einem Fenster schüttelt. Für die Bettfedern kann Watte verwendet werden.
Im Zusammenhang mit Religion/Ethik könnte über äußere und innere Werte und die Frage: Was macht den Menschen aus? gesprochen werden.

....

Arbeitsheft   Seite 41

....

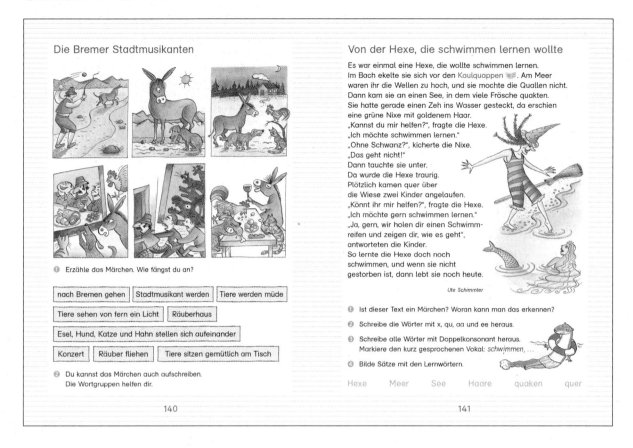

Die Bremer Stadtmusikanten

❶ Erzähle das Märchen. Wie fängst du an?

| nach Bremen gehen | Stadtmusikant werden | Tiere werden müde |

| Tiere sehen von fern ein Licht | Räuberhaus |

| Esel, Hund, Katze und Hahn stellen sich aufeinander |

| Konzert | Räuber fliehen | Tiere sitzen gemütlich am Tisch |

❷ Du kannst das Märchen auch aufschreiben.
Die Wortgruppen helfen dir.

140

Von der Hexe, die schwimmen lernen wollte

Es war einmal eine Hexe, die wollte schwimmen lernen.
Im Bach ekelte sie sich vor den Kaulquappen. Am Meer
waren ihr die Wellen zu hoch, und sie mochte die Quallen nicht.
Dann kam sie an einen See, in dem viele Frösche quakten.
Sie hatte gerade einen Zeh ins Wasser gesteckt, da erschien
eine grüne Nixe mit goldenem Haar.
„Kannst du mir helfen?", fragte die Hexe.
„Ich möchte schwimmen lernen."
„Ohne Schwanz?", kicherte die Nixe.
„Das geht nicht!"
Dann tauchte sie unter.
Da wurde die Hexe traurig.
Plötzlich kamen quer über
die Wiese zwei Kinder angelaufen.
„Könnt ihr mir helfen?", fragte die Hexe.
„Ich möchte gern schwimmen lernen."
„Ja, gern, wir holen dir einen Schwimm-
reifen und zeigen dir, wie es geht",
antworteten die Kinder.
So lernte die Hexe doch noch
schwimmen, und wenn sie nicht
gestorben ist, dann lebt sie noch heute.

Ute Schimmler

❶ Ist dieser Text ein Märchen? Woran kann man das erkennen?

❷ Schreibe die Wörter mit x, qu, aa und ee heraus.

❸ Schreibe alle Wörter mit Doppelkonsonant heraus.
Markiere den kurz gesprochenen Vokal: schwimmen, ...

❹ Bilde Sätze mit den Lernwörtern.

Hexe   Meer   See   Haare   quaken   quer

141

Lernziele – Seite 140

Die Kinder

- können die Einzelbilder beschreiben,
- erzählen das Märchen unter Berücksichtigung der Stützwörter,
- binden erarbeitete Strukturmerkmale des Märchens ein (Es war einmal...),
- schreiben das Märchen auf.

Lernziele – Seite 141

Die Kinder

- erkennen beim Lesen, dass es sich um ein Märchen handelt,
- finden Strukturmerkmale heraus,
- suchen Wörter mit Doppelvokalen und den Graphemen qu und x heraus,
- suchen alle Wörter mit Doppelkonsonanten heraus,
- können den kurzen Vokal markieren,
- bilden neue Sätze mit den Lernwörtern.

Lernwörter

- Hexe, Meer, See, Haare, quaken, quer

Hinweise und Anregungen zur Unterrichtsgestaltung

Seite 140
Methodische Umsetzung

Als Einstieg wäre es möglich, Esel, Hund, Katze und Hahn nacheinander an die Tafel zu heften. Nach jedem Tier sollen die Kinder Assoziationen äußern. Danach lesen die Lehrerin oder ein Kind im Stuhlkreis das Märchen von den Bremer Stadtmusikanten vor. Dann nehmen die Kinder ihre Bücher und betrachten die Bilder. Sie werden merken, dass das Märchen auf den vorliegenden Bildern verkürzt dargestellt worden ist. Es wird benannt, welche Teile des Märchens weggelassen wurden: die einzelnen Schicksale der Tiere, die Episode mit der Katze auf dem Herd, die Geschichte, die der flüchtige Räuber seinem Hauptmann erzählt.

Im Anschluss daran werden die Wortgruppen gelesen und das Märchen anhand der Bilder und Wortgruppen nacherzählt. Dann wird es aufgeschrieben. Dabei können die erarbeiteten Strukturmerkmale in das Märchen einfließen. Um die erarbeiteten Kriterien für Märchen und das Aufschreiben von Geschichten zu festigen, können im weiteren Verlauf der Märcheneinheit andere Märchen nach vorgegebenen Satzteilen aufgeschrieben werden und in einem Märchenbuch gesammelt werden.

Alternativen und Differenzierungen

Kinder, denen es schwerfällt, das Märchen nachzuerzählen arbeiten mit der Kopiervorlage.

Fächerübergreifende Anregungen

Im Fach Kunst kann das Thema „Bremer Stadtmusikanten" zu einer Gestaltungsaufgabe genutzt werden. Die Kopiervorlage bietet verschiedene Möglichkeiten. Bei einer weiteren Variante erhalten die Kinder ein Zeichenblatt, in dessen Mitte sie ein Fenster zeichnen, dass mit gelber Wasserfarbe ausgefüllt wird. Um das Fenster herum werden Mauersteine gemalt. In das Fenster werden die aus Tonpapier ausgeschnittenen Figuren der Stadtmusikanten geklebt.

....

Arbeitsheft   Seite 42

Kopiervorlage 49   Seite 135
Kopiervorlage 50   Seite 136
....

Seite 141
Methodische Umsetzung

Als Einstieg kann mit den Kindern ein Gespräch über Hexen geführt werden:
„Was wisst ihr über Hexen? Was tun Hexen? In welchen Märchen kommen Hexen vor?" usw.
Die Lehrerin deutet den Kindern schon an, dass diese Hexe ganz anders ist. Der Text wird gemeinsam gelesen. Von der Lehrerin kommt der Impuls: *Ist diese Geschichte ein Märchen?* Da den meisten Kindern bekannt ist, dass viele Märchen mit bekannten Eingangs- und Schlussformeln beginnen bzw. aufhören (Es war einmal ... und wenn sie nicht gestorben sind ...), werden sie schnell zu dem Schluss kommen, dass es sich bei dem Text um ein Märchen handelt. Auch andere Märchenmerkmale, wie z.B. die mehrmalige Wiederholung bestimmter Vorgänge, kennen sie.

Im schriftlichen Bereich sollen sie anschließend Wörter mit aa, ee, qu und x aus dem Text herausfinden und aufschreiben.

Als Wiederholung dient die Aufgabe, alle Wörter mit Doppelkonsonanten aus dem Text herauszuschreiben und den kurz gesprochenen Vokal durch einen Punkt zu markieren. Diese Aufgabe lässt sich auch gut als Hausaufgabe nutzen.

Alternativen und Differenzierungen

Leistungsstarke Kinder können versuchen, noch weitere Wörter mit Doppelvokalen oder den Buchstaben qu und x aus der Wörterliste herauszufinden. Damit die Lernwörter sich besser einprägen, werden Sätze mit ihnen gebildet.

Bezüge zum Übungsteil

Auf der Seite 152 sind unter „Wörter mit ee, qu und x" sowie „Zusammengesetzte Nomen mit ee" Übungen zum Thema zu finden.

Literaturtipp
- Anne Kaffeekanne: Liederbuch von Frederik Vahle (Märchenlieder),
  ISBN 3-89353-020-7
- Hexentanz und Rattenschwanz
  ISBN 3-7767-0542-6

....

Kopiervorlage 52   Seite 138
....

Leseseiten

Wie es kam, dass der ...　　S. 142/143

Als Einstieg kann das Sprichwort von Piri: „So kann man aus einer Mücke einen Elefanten machen" an die Tafel geschrieben werden. Die Kinder können sich dazu äußern und eventuell eigene Erfahrungen mit einbringen. Der Text kann mit verteilten Rollen gelesen werden. Durch die Vielzahl an Rollen eignet sich der Text zum szenischen Gestalten. Inhaltlich kann das Thema „Übertreibungen und was daraus entstehen kann" angeknüpft werden.

Dazu können die Kinder „Stille Post" spielen, da es dem Prinzip des Textes gleicht.

Wenn das Spiel zur Aufführung kommen soll, kann im Deutschunterricht eine Einladungskarte formuliert und gestaltet werden.

Der Text eignet sich gut für ein Projekt, denn außer den Fächern Kunst und Deutsch kann auch der Lernbereich Sachunterricht einbezogen werden. Im Fach Musik können Geräusche für ein Theaterstück erarbeitet werden usw. Entsprechend der Vorlage lassen sich in Kunst einfache Masken anfertigen.

Das Rübenziehen　　S. 144

Das Rübenziehen ist ein altes Kettenmärchen. Als Lesetext eignet es sich vor allem für schwächere Kinder, weil der Wortschatzumfang überschaubar ist und die Satzstrukturen einen hohen Wiedererkennungseffekt haben. Hier kann auch die Verkleinerungsform „-chen" thematisiert werden. Zur Weiterarbeit bietet sich das Nachspielen des Märchens an. Dazu sollte gemeinsam überlegt werden, was der Einzelne zum jeweils Ziehenden sagen könnte.

Das Natternkrönlein　　S. 145

Zu Beginn nennen die Kinder Märchen, in denen Tiere eine Rolle spielen. Bei diesem Text handelt es sich um eine gekürzte Version eines Märchens von Ludwig Bechstein. Von den Kinder soll die Moral aus dem Text herausgearbeitet werden: *Wer anderen hilft, wird belohnt; teilen und dabei gewinnen.*

Hierfür können auch Parallelen zum Alltag hergestellt werden. Zum anderen zeigt er noch einmal die Bedeutung der Verkleinerungsformen für den Sinn eines Textes.

Aufgaben zum sinnentnehmenden Lesen stehen im Übungsteil auf Seite 155 unter „Das Natternkrönlein".

Der Drache mit den roten ...　　S. 146/147

Der Text wurde aus einem Bilderbuch von Astrid Lindgren entnommen. Er behandelt in für Kinder sehr einfühlsamer Weise die Probleme eines Außenseiters.

Das Lesen weiterer Drachengeschichten bietet sich an (z. B. von Lieve Baten: Kleiner schrecklicher Drache. Oetinger, Hamburg 2000).

Arbeitsheft　　Seite 43

Und vorher?　　S. 148/149

Als Einstieg kann die Lehrerin ein Foto aus ihrer Kindheit mitbringen und darüber erzählen. Die Kinder berichten über ihre jüngeren Geschwister oder darüber als sie selbst so klein waren. Die Geschichte verdeutlicht das Fortschreiten der Zeit und die Vergänglichkeit des Lebens. Es wird die Lebensgeschichte von Babsis Großmutter beginnend mit ihrem Tod bis zu ihrer Geburt zurückverfolgt. Die Kinder erfahren, dass alte Leute auch einmal jung waren und sie selbst auch einmal alt sein werden. Die Kinder können eigene Erlebnisse mit/Geschichten von ihren Großeltern einbringen. Auch ein erstes Heranführen an das Thema Tod ist möglich.

Als Weiterarbeit kann eine Zeitspule mit Daten und Fotos aus dieser Zeit angefertigt werden. Fragen zum sinnentnehmenden Lesen des Textes sind im Übungsteil auf Seite 155 unter „Und vorher?" zu finden.

Neue Schuhe　　S. 150/151

Der Text regt die Kinder an, sich über Ähnlichkeiten zwischen ihnen und ihren Eltern zu äußern. Auch hierzu ist es möglich Fotos miteinander zu vergleichen. Interessant ist es für die Kinder, die Altersunterschiede zwischen sich selbst, der Mutter und der Lehrerin zu ermitteln. Dabei kann den Kindern deutlich werden, dass diese Abweichungen je nach individueller Situation sehr verschieden sein können.

Kopiervorlage 51　　Seite 137

Lauras Tag

❶ Schneide die Bilder aus und klebe sie in der richtigen Reihenfolge
auf ein Blatt.

❷ Klebe den dazugehörigen Satz darunter.

Um halb acht frühstückt Laura.	Nachmittags fährt sie Rad.
Nach dem Frühstück putzt sie Zähne.	Dann geht sie zur Schule.
Abends liest sie ein Buch.	Mittags isst sie am liebsten Nudeln.
In der Pause spielt sie auf dem Hof.	Um neun liegt sie im Bett.

Mein Tagesablauf

| Jeden Morgen |
| In der Woche |

stehe ich um

| 6 Uhr auf. |
| 7 Uhr auf. |

Danach frühstücke ich mit

| meinen Eltern. |
| meiner Mutti. |
| meinem Vati. |
| meinen Großeltern. |

Ich esse

| Müsli |
| Brötchen |
| Toastbrot |

und trinke

| Milch. |
| Saft. |
| Tee. |

Um

| 7 Uhr |
| 8 Uhr |

beginnt die Schule.

| Nach dem Unterricht |
| Am Nachmittag |

gehe ich

| nach Hause. |
| zu meinen Großeltern. |

Am Nachmittag spiele ich mit

| meinen Freunden. |
| meinem Freund _____ . |
| meiner Freundin _____ . |
| meiner Schwester _____ . |
| meinem Bruder _____ . |

Später helfe ich zu Hause.   Ich

| bringe den Abfall weg. |
| decke den Abendbrottisch. |

Nach dem Abendbrot darf ich noch etwas

| lesen. |
| fernsehen. |
| spielen. |

Gegen

| 19 Uhr |
| 20 Uhr |
| 21 Uhr |

gehe ich schlafen.

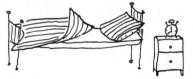

❶ Schreibe deinen Tagesablauf auf.
    Du kannst die Vorgaben nutzen, aber auch andere Wörter einsetzen.

❷ Vergleicht eure Tagesabläufe.

Rumpelstilzchen

Einst behauptete ein Müller vor dem König, dass seine Tochter Stroh zu Gold spinnen könnte. Daraufhin sperrte der König sie in eine Kammer voller Stroh. Dieses sollte sie zu Gold spinnen. Das Mädchen weinte bitterlich, denn es konnte kein Stroh zu Gold spinnen. Da erschien ein kleines Männchen. Es versprach dem Mädchen, das Stroh zu Gold zu spinnen, wenn es etwas dafür bekäme. So ging es drei Nächte. Zuletzt musste das Mädchen ihm sogar ihr ungeborenes Kind versprechen, weil sie nichts anderes mehr hatte.
Der König jedoch war so glücklich über das viele Gold, dass er die Müllerstochter heiratete. Als sie nun ihr erstes Kind bekam, erschien das Männchen und wollte es mitnehmen. Weil die Königin aber so sehr weinte, schlug das Männchen vor, dass sie ihr Kind behalten dürfe, wenn sie in drei Tagen seinen Namen erraten würde. Erst am dritten Tag aber berichtete ein Bote der Königin von einem Männchen, das er im tiefen Wald gesehen hatte. Es hüpfte um ein Feuer und schrie:
„Heute back ich, morgen brau ich, übermorgen hol ich der Königin ihr Kind;
Ach, wie gut, dass niemand weiß, dass ich Rumpelstilzchen heiß!"
So wusste sie endlich seinen Namen: Rumpelstilzchen! Sie konnte ihr Kind behalten, das Männchen aber riss sich vor Wut entzwei.

❶ Lies den Text
und beantworte die Fragen.

Warum sperrte der König das Mädchen in eine Kammer voller Stroh?

Warum weinte das Mädchen in der Kammer?

Warum versprach das Mädchen dem Männchen ihr erstes Kind?

Endet das Märchen gut? Begründe deine Antwort.

Verben mit Vorsilben

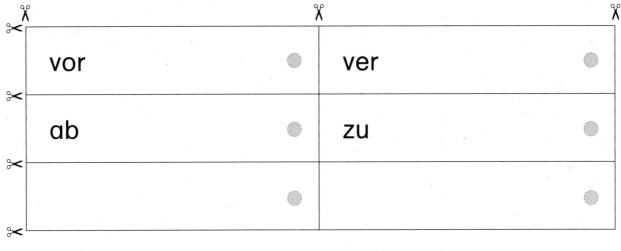

vor	⬤	ver	⬤
ab	⬤	zu	⬤
	⬤		⬤

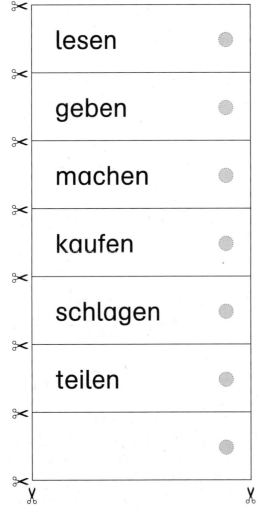

lesen	⬤
geben	⬤
machen	⬤
kaufen	⬤
schlagen	⬤
teilen	⬤
	⬤

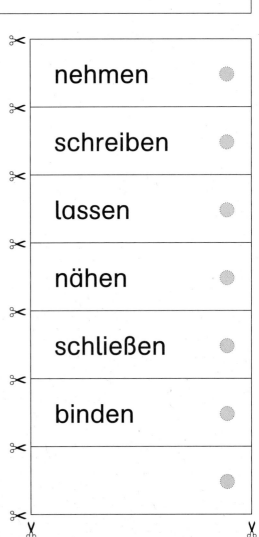

nehmen	⬤
schreiben	⬤
lassen	⬤
nähen	⬤
schließen	⬤
binden	⬤
	⬤

❶ Schneide alle Streifen aus.

❷ Bilde nun sinnvolle Verben.
Lege alle Verben, die mit
der Vorsilbe ein sinnvolles Wort
ergeben, übereinander.

❸ Du kannst die Streifen zusammenheften.

Die Bremer Stadtmusikanten

Es war einmal ein Esel. Er war alt geworden
und wurde oft geschlagen.

Das Licht kam aus einem Räuberhaus.

Nachts sahen sie im Wald ein helles Licht.

Er traf einen Hund, dem es genauso schlecht erging.

Sie beschlossen, nach Bremen zu gehen.
Dort wollten sie Stadtmusikanten werden.

Die Tiere stellten sich vor das Fenster: Unten der Esel,
darauf der Hund, dann die Katze und zuletzt der Hahn.

Und wenn sie nicht gestorben sind, dann leben sie noch heute.

Nun zogen die Tiere in das Haus.

Unterwegs trafen sie eine Katze und einen Hahn.
Die kamen auch mit.

Dann begannen alle Tiere zu singen.

Die Räuber erschraken fürchterlich und flohen aus dem Haus.

1 Schneide die Sätze aus.
2 Klebe sie in der richtigen Reihenfolge auf ein DIN A4-Blatt.
3 Du kannst auch dazu malen.

Die Bremer Stadtmusikanten

❶ Schneide die Figuren ordentlich aus.

❷ Du kannst sie als Vorlage auf schwarzes
   Tonpapier legen und nachfahren.
   So entstehen Figuren für ein Schattenspiel.

❸ Du kannst die Figuren aber auch
   farbig ausmalen und weitergestalten.

❹ Mit den fertigen Figuren könnt ihr
   das Märchen nun nachspielen.

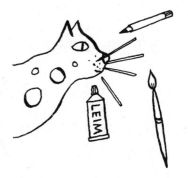

Neue Schuhe

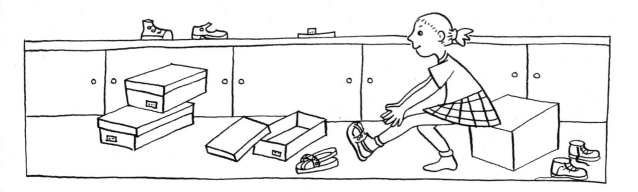

1 Lies noch einmal den Text im Buch auf Seite 150/151.
2 Beantworte die Fragen in Sätzen.

In welchem Monat spielt die Geschichte?

Welche Schuhe haben Mama und Pauline zuletzt gekauft?

Warum braucht Pauline neue Schuhe?

Welche Schuhe möchte sie haben?

Was passiert, als Mama und Pauline das Geschäft verlassen wollen?

Wie heißen Paulines Großeltern mit Nachnamen?

Wer ist die alte Frau, die Paulines Mama begrüßt?

Differenzierungsdiktate

In den Ferien

Desiree fährt an das Meer.

Sie sucht weiße Muscheln.

Felix wohnt mit Tante und Onkel an einem schönen See.

Dort quaken viele Frösche.

Die Lehrerin reist in das Gebirge.

Sie überquert große Berge.

❶ Übe den Text als Diktat.   (36 Wörter)

In den Ferien

Desiree fährt an das Meer.

Sie sucht mit ihrer Schwester weiße Muscheln.

Felix wohnt mit Tante und Onkel an einem schönen See.

Dort quaken in der Nacht viele Frösche.

Die Lehrerin reist mit ihrer Familie in das Gebirge.

Sie überqueren große Berge und wandern durch weite Täler.

❶ Übe den Text als Diktat.   (50 Wörter)

1. Tipp: Die umrahmten Wörter sollten dem Kind vorgegeben werden.
          Diese können auf ein Blatt oder an die Tafel geschrieben
          werden.
2. Tipp: Viele Wörter stehen in der Wörterliste. Diese kann am Ende für
          zwei Minuten zum eigenen Nachschlagen und Prüfen der Wörter
          genutzt werden.
3. Tipp: „Desiree" und „Felix" anschreiben oder anderen Namen wählen.
4. Tipp: Den Hinweis geben, dass „überquert" zusammengesetzt ist.

Kapitel 7 – Das Jahr

Der Kern – Das Jahr der Sonnenblume

Ein kleiner Kern, von der Sonne geweckt,
zeigt übers Jahr, was in ihm steckt.
Es ist ein Wunder, du kannst es sehen!
Probier's selbst aus, um dann mit wachen Augen
durch die Welt zu gehen.

Aus einer gelben Sonne fällt
ein Kern hinunter auf die Welt
ins weiche Gras hinein,

schläft in der warmen Erde ein,
lässt den Winter Winter sein

Das Jahr

und streckt, vom Frühling geweckt,
den Finger aus nach oben, da ist's hell.
Ganz schnell geht's weiter in die Höh'.

Und sieh! Mit der Zeit ist es so weit:
Aus einer gelben Sonne fällt ein Kern
hinunter auf die Welt!

Bärbel Haas

Einleitende Worte

Das letzte Kapitel ist den vier Jahreszeiten vorbehalten. Weiterhin werden verschiedene Feste im Jahresablauf besprochen.

Der Schwerpunkt dieses Kapitels stützt sich auf das Lesen und die Durchführung von Miniprojekten. Im Vordergrund stehen dabei der mündliche und schriftliche Sprachgebrauch. Rechtschreibung und Sprache untersuchen spielen eine untergeordnete Rolle.

Die Lehrerin kann individuell entscheiden, wann die Texte im Unterricht eingesetzt werden, da sie unabhängig von der Stoffverteilung sind.

Kapitelauftaktseite

Ein Bild von einer blühenden und einer verblühten Sonnenblume wird den Kindern gezeigt. Daran kann der Kreislauf der Natur erklärt werden: Aus den Kernen der verblühten Sonnenblume entstehen im nächsten Jahr wieder neue Sonnenblumen.

Anschließend wird der Text von Bärbel Haas gelesen.

Die Erschließung des Inhaltes kann über Bewegung erfolgen. Gemeinsam wird überlegt, mit welchen Gesten und Bewegungen der Text pantomimisch nachgespielt werden kann.

Fächerübergreifende Anregungen

In Musik kann der Text verklanglicht werden.

Die Entwicklung der Sonnenblume kann in einem Buch dargestellt werden. Hier sind verschiedene Gestaltungstechniken möglich:

- Malen mit Wachs- und Wasserfarben,
- Collagen mit Naturmaterialien, Tonpapieren oder Wolle,
- Korkdruck oder Schnipselmosaik,
- Unterrichtsgang (im Sachunterricht) um Blätter zu sammeln und zu pressen.

Im Frühjahr können Sonnenblumen im Klassenzimmer gezogen werden.

Arbeitsheft　　　　Seite 44

Kopiervorlage 53　Seite 149
Kopiervorlage 54　Seite 150

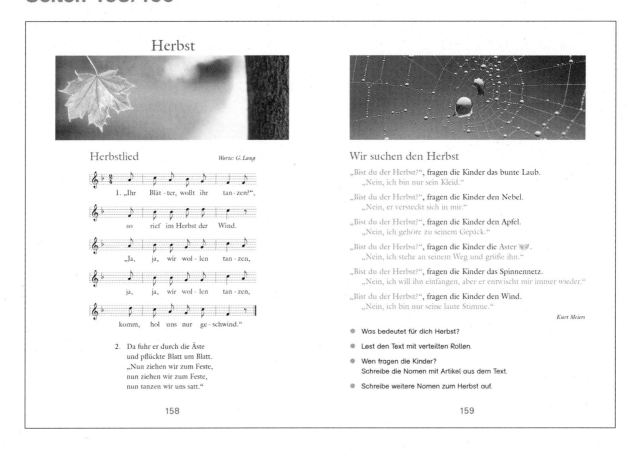

Seite 158
Methodische Umsetzung

Die Natur im Herbst ist geprägt durch das Verfärben der Blätter und den Blätterfall.

Als Einstieg kann ein Unterrichtsgang unternommen werden, um die Bäume und ihre Blätter im Herbst zu beobachten. Das Lied kann im Anschluss gesungen werden.

Durch den Unterrichtsgang wurden den Kindern die Bewegungen der Blätter bewusst. Diese Bewegungen können nun von den Kindern beim Singen umgesetzt werden. Dazu eignen sich lange Bänder in typischen Herbstfarben.

Das Lied könnte auch mit einem Vorsänger (Wind) und dem Chor (Blätter) gesungen werden.

Fächerübergreifende Anregungen

Während des Unterrichtsgangs werden Blätter gesammelt, danach gepresst und auf DIN A4 Bögen geklebt. In Einzel- oder Gruppenarbeit kann so ein Blätterbuch mit den entsprechenden Bezeichnungen hergestellt werden.

Arbeitsheft   Seite 45

Seite 159
Methodische Umsetzung

Im verkürzten Text von Kurt Meiers werden sehr viele Naturphänomene des Herbstes angesprochen.

Im Unterrichtsgespräch wird mit den Kindern erörtert, was für sie Herbst bedeutet. Dies könnte auch zum freien Schreiben anregen. Danach lesen die Kinder gemeinsam den Text.

In Gruppen können die Schüler nun den Text in verteilten Rollen lesen. Dabei kann der blaue Text von mehreren Kindern und der grüne Text von einem Kind gelesen werden. Sie sollten auf singgestaltendes Vortragen achten und im Dialog die Stimme als Interpretationsmittel nutzen. Der Text kann auch gespielt werden.

In Aufgabe 3 werden die Nomen mit Artikel aus Kapitel 1 noch einmal wiederholt und vertieft, wobei die Kinder die Nomen aus dem Text verwenden.

Fächerübergreifende Anregungen

In Kunst können Blättertiere geklebt oder durch Frottage gestaltet werden.

Kopiervorlage 55   Seite 151

So ein dicker Nebel

Peter kann die Häuser auf der anderen
Straßenseite nicht sehen.
Im Nebel sieht alles ganz anders aus, denkt er.
Da kommt ihm ein unheimlicher Hund entgegen.
Peter erschrickt.
Aber es ist nur Richters Hund,
der Peter begrüßen will.
Nun tauchen zwei glühende Augen auf.
Wie sie näher kommen, sieht er,
dass es Schultes Bäckerwagen ist.
Herr Schulte fährt heute
sehr langsam und vorsichtig.
Als Peter zur Schule kommt,
da huschen von allen Seiten Kinder herbei.
Wenn es in der Pause auch so neblig ist,
denkt Peter, können wir fein Fangen spielen.

Josef Schölling

● Warum kann man bei Nebel gut Fangen spielen?
● Welche Farbe muss deine Kleidung haben,
damit man dich bei Nebel oder Dunkelheit besser sieht?

160

Äpfel im Herbst

Im Herbst reifen die Äpfel. Sie sind sehr gesund.
Wir können aus Äpfeln viel herstellen.

Getrocknete Apfelchips

Das schmeckt mir besser als Kaugummi.

Rezept
– im Backofen vortrocknen lassen
– Kerngehäuse ausstechen
– Apfelscheiben auf ein Backrost legen
– Äpfel schälen, in Scheiben schneiden
– an Fäden aufhängen, fertig trocknen lassen

● Schreibe das Rezept geordnet auf. Die Bilder helfen dir.

Apfel-rezepte

161

Seite 160
Methodische Umsetzung

Es bietet sich an, den Text an einem nebligen
Tag zu lesen. Im Unterrichtsgespräch könnten
die Kinder anschließend eigene Erfahrungen bei
Nebel mitteilen. Dabei sollte auch der Aspekt
berücksichtigt werden, dass Nebel gruselig
oder geheimnisvoll sein kann (Gegenstände
verschwinden oder verändern sich).
Frage 1 zielt auf das sinnerfassende Lesen ab.
Zur Verkehrserziehung kann Frage 2 überleiten.
*Welche Farbe sollte meine Kleidung bei Nebel bzw.
Dunkelheit haben? Wie soll ich mich als Fußgän-
ger und Fahrradfahrer verhalten?*

Fächerübergreifende Anregungen

Das Thema Farbe könnte auch in Kunst aufgegriffen werden (helle/dunkle Farben), z. B.
kann man Autos mit Wachsfarben und Deckfar-
ben gestalten. Die Autos (Scheinwerfer) werden
mit kräftigem Druck mit wasserfesten Wachsfarben gemalt. Anschließend wird das ganze Blatt
mit verdünnter schwarzer Deckfarbe übermalt.
Die Wachsschicht stößt das Wasser ab, dadurch
bleibt das Motiv sichtbar.

Seite 161
Methodische Umsetzung

Die Seite regt zu einem Apfelprojekt an.
Als Einstieg könnten verschiedene Apfelsorten
mitgebracht werden. Im Gespräch wird erörtert,
dass Äpfel aufgrund ihres Vitamingehaltes sehr
gesund sind. Die Kinder probieren die Äpfel
und schreiben ihre Geschmacksempfindung
(süß, sauer, mehlig, trocken, wässrig) auf.
Die verschiedenen Apfelsorten könnten auf
einem Plakat gesammelt und beschrieben werden (Name, Abbildung, Aussehen, Geschmack).
Anhand der Illustration versuchen die Kinder,
das Rezept richtig zu ordnen. Danach werden
nach Anleitung gemeinsam Apfelchips hergestellt. Anschließend werden verschiedene Apfel-
rezepte in einem Buch gesammelt.

Alternativen und Differenzierungen

Es kann ein Apfelfest mit verschiedenen Apfel-
speisen durchgeführt werden.
Gemeinsam werden ein Programm erstellt,
Raumschmuck angefertigt sowie Einladungen
geschrieben und gestaltet.

Kopiervorlage 56 Seite 152

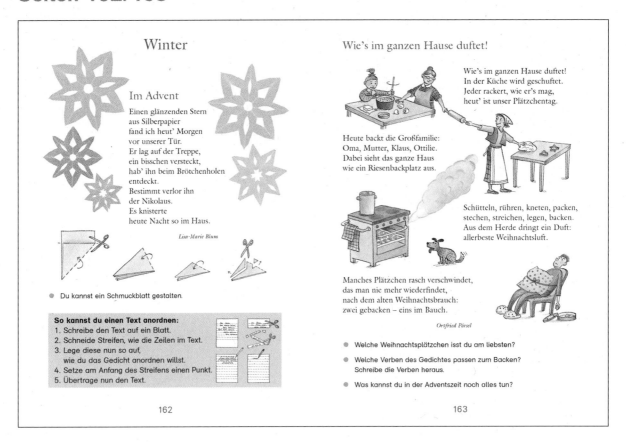

Seite 162
Methodische Umsetzung

Die Kinder versammeln sich im Morgenkreis um ein Adventsgesteck mit Kerze.

Nun wird das Gedicht gelesen. Die Kinder tragen das Gedicht klanggestaltend vor. Im zweiten Teil werden die Kinder angeleitet, einen Text (z. B. dieses Gedicht) anzuordnen.

Die im Buch genannten Schritte werden mit den Kindern gemeinsam erarbeitet. Es ist ratsam, das Gedicht schon einmal vorgeschrieben mitzubringen. Das Schneiden und das Anordnen der Streifen wird nun gezeigt.

Die Kinder probieren anschließend selbst aus, wie sie ihr Gedicht anordnen wollen. Dann übertragen und gestalten sie es. Im Anschluss kann das Gedicht gelernt werden.

Alternativen und Differenzierungen

Alternativ kann die Lehrerin das Gedicht als ihre „wahre Begebenheit" vortragen. Die Kinder äußern sich dann zur Vermutung der Lehrerin.

....
Arbeitsheft   Seite 46
....
Kopiervorlage 58   Seite 154
....

Seite 163
Methodische Umsetzung

Ein Gespräch über Plätzchenbacken kann in das Thema einstimmen.

Das im Buch abgedruckte Gedicht lässt sich gut rhythmisch lesen, da am Ende einer Zeile immer ein Reimwort steht. Die Reimwörter können anschließend herausgearbeitet werden.

In Aufgabe 1 sollen die Kinder ihre Lieblingsplätzchen so treffend wie möglich beschreiben. Hierzu bietet es sich auch an, verschiedene Rezepte auszutauschen.

Aufgabe 2 dient der Wiederholung von Verben. Außerdem können die Kinder weitere Wörter zum Wortfeld „backen" finden.

Aufgabe 3 könnte mündlich oder schriftlich durchgeführt werden. Hier kann nochmals Augenmerk auf das Verb gelegt werden.

Wenn möglich, sollte mit den Eltern ein gemeinsamer Backnachmittag veranstaltet werden.

Das Lied „In der Weihnachtsbäckerei gibt es manche Leckerei" von Rolf Zuckowski kann gesungen werden.

....
Kopiervorlage 57   Seite 153
....

Seiten 164/165
Methodische Umsetzung

Die Kinder berichten über den ersten Schnee. Der Text wird gemeinsam oder mit einem Partner gelesen. Dabei wird das Wort „Schneewehe" im Leselexikon nachgeschlagen. Zur Sinnentnahme des Textes dienen die Aufgaben 1 bis 3. Aufgabe 3 kann auch schriftlich gelöst werden. Die farbig hervorgehobene wörtliche Rede motiviert und unterstützt das Lesen in verteilten Rollen.

Im Anschluss folgt ein Unterrichtsgespräch darüber, was man im Winter alles machen kann. Die Kinder sollen sich erst mündlich äußern und dann darüber frei schreiben.

Mögliche Themen können sein:

1. Wir bauen einen Schneemann
   Reizwörter:

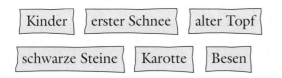

| Kinder | erster Schnee | alter Topf |

| schwarze Steine | Karotte | Besen |

2. Genaue Beschreibung, wie ein Schneemann aussieht oder gebaut wird.
3. Eine Schneeballschlacht
4. Eine Rodelfahrt

Alternativen und Differenzierungen

Hier könnte mit den Kindern über die Autorin Astrid Lindgren gesprochen werden. Es könnten auch weitere Bücher von ihr vorgestellt und gelesen werden. Dabei sollte auf das Herkunftsland der Autorin und die Figurennamen im Text eingegangen werden.

Fächerübergreifende Anregungen

Im Sachunterricht kann mit den Kindern über das Verhalten im Winter auf der Straße und Gefahren bei Schneeballschlachten gesprochen werden.

Weiterhin können die Kinder mit Lupen den Aufbau von Schnee erkennen und in Kunst Schneekristalle aus weißem Papier fertigen.

Es kann auch eine Collage mit Watte und/oder Zeitungspapierschnipseln auf dunkelblauem Grund zum Thema „Eine Schneeballschlacht" gestaltet werden. Die Kinder sollen gegenseitig beobachten, welche Bewegungen ausgeführt werden, wenn sie einen Schneeball werfen.

Literaturtipp

Wiemer, Rudolf Otto: Kalle Schneemann. Arena-Verlag. ISBN 340101191X

Es klopft bei Wanja in der Nacht

Weit fort in einem kalten Land
steht Wanjas Haus am Waldesrand.
In langen Zapfen hängt das Eis
und ringsumher ist alles weiß.
5 Da ist bei Sturm in finstrer Nacht
der Wanja plötzlich aufgewacht.
„Was höre ich da tocken?",
so fragt er sich erschrocken.

Wer ist's, wer klopft da an sein Haus?
10 Ein Hase hockt im Schneesturm drauß'.
Der schreit und jammert kläglich:
„Ich friere so unsäglich."
Der Wanja sagt: „Komm nur herein,
ich heize gleich im Ofen ein."
15 Das Feuer zischt und prasselt laut, ...
Der Has' streckt sich behaglich aus.
Bald wird es still im kleinen Haus.
Auch Wanja deckt sich wieder zu:
„Gut' Nacht und angenehme Ruh!"

20 *Doch kaum sind beide eingeschlummert,*
klopfen ein Fuchs und später noch ein Bär an die Tür.

Da schreit der Hase: „Nein, o nein,
lass bloß die beiden nicht herein!
Der Fuchs ist drauf versessen,
25 uns Hasen aufzufressen."

Die Tiere aber versprechen,
keinem etwas zuleide zu tun,
und so dürfen sie
in Wanjas Hütte übernachten.
30 *Alle strecken sich behaglich aus.*

Bald wird es still im kleinen Haus.
Auch Wanja deckt sich wieder zu:
„Gut' Nacht und angenehme Ruh!"

Der Schneesturm unterdessen
35 tobt weiter wie besessen.
Er reißt die stärksten Bäume aus
und rüttelt an dem kleinen Haus.
Doch drinnen schlafen wohlgeborgen
Fuchs, Bär und Hase bis zum Morgen.

40 *Als am nächsten Tag die Sonne aufgeht, ist die*
Not der Tiere vorüber. Sie laufen wieder hinaus
in den Wald – jedes in eine andere Richtung,
der Bär erwacht als Letzter.

„Verflixt, das ist ein Jägerhaus!
45 Ganz heimlich schleiche ich mich 'raus.
Die Sonne steht schon überm Wald.
Heut' wird's bestimmt nicht mehr so kalt."
Er tappt, so leise er vermag,
hinaus in einen neuen Tag.

50 Der Wanja – noch vom Schlaf umfangen –
begreift nicht, was hier vorgegangen.
Er blickt umher im leeren Raum.
War denn alles nur ein Traum?

Der Wanja schaut und nickt und lacht:
55 „Wir haben wirklich diese Nacht
gemeinsam friedlich zugebracht. –
Was so ein Schneesturm alles macht!"

Tilde Michels

● Warum haben sich die Tiere
in dieser Nacht friedlich verhalten?

● Spielt das Stück mit verteilten Rollen.

166   167

Seiten 166/167
Methodische Umsetzung

Als Einstieg in den Unterricht sollen die Kinder die Bilder im Buch betrachten und sich dazu äußern. Anschließend wird der Text gelesen und Frage 1 erarbeitet. Die Kinder sollen erkennen, dass die gemeinsame Angst ums Überleben während eines Schneesturms die sonst verfeindeten Tiere zusammenrücken lässt.

Da es im Text und im gleichnamigen Buch um das friedliche Miteinander sich sonst feindlich gegenüberstehender Lebewesen (Tier/Mensch, Bär/Fuchs/Hase) geht, können auch folgende Aspekte behandelt werden:
1. *Die Feindschaft der Tiere untereinander,*
2. *Problemkreis „Freunde", „Anderssein", „Vorurteile",*
3. *Konflikte miteinander lösen,*
4. *Menschen verschiedener Nationalitäten.*

Da die Kinder durch den Text angeregt werden sollen, das Buch selbst zu lesen, könnte folgende Textarbeit angeschlossen werden:
Zuerst wird der Text sinnerfassend und gestaltend vorgelesen. Im Anschluss lesen die Kinder die Geschichte mit verteilten Rollen und spielen den Text als Rollenspiel nach. Die verschiedenen Rollen sind farbig hervorgehoben. Der Text des Erzählers ist in einer kursiven Schrift gesetzt. Des Weiteren kann man die Kinder beim Vorlesen für die Reimform sensibilisieren, indem man das jeweilige Reimwort in der zweiten Zeile weglässt. Dies macht den Kindern oft großen Spaß. Sie werden darüber hinaus auf die Funktion der erzählenden Sätze als Regieanweisung hingewiesen.

Alternativen und Differenzierungen

Die Kinder können zu folgendem Thema frei schreiben:
Wanja schreibt einem/einer Freund/in über die Ereignisse der vergangenen Nacht einen Brief.
Als Wiederholung kann Kapitel 2 „Briefe schreiben" dienen. Mit dem abgebildeten Buch können die Kinder zum Weiterlesen angeregt werden. Es kann auch als Theaterstück aufgeführt werden.

Fächerübergreifende Anregungen

Im Sachunterricht kann das Thema „Tiere im Winter" behandelt werden. Inhalte können das Sammeln von Eicheln und Kastanien für den Zoo, das Anbringen von Futterhäuschen für die Vögel und das Aufstellen von Heuhaufen durch den Förster sein.
Außerdem kann der Text „Winterschlaf" auf Seite 72/73 eingebunden werden.

Seite 168
Methodische Umsetzung

Die Kinder sitzen im Morgenkreis. Sie können aufgefordert werden, ihre Augen zu schließen, während die Lehrerin das Gedicht vorträgt. Dabei werden bei den Kindern die eigenen Naturerlebnisse im Winter wachgerufen. Diese sollen im anschließenden Unterrichtsgespräch ausgetauscht werden. Dabei soll die Erkenntnis entwickelt werden, dass man Dinge auch mit Worten malen kann.

Die Kinder lesen nun das Gedicht möglichst klanggestaltend vor.

Fächerübergreifende Anregungen

In Kunst kann ein Bild vom Winter gemalt werden, wie er im Gedicht beschrieben wird oder wie das Kind den Winter selbst empfindet.

Seite 169
Methodische Umsetzung

Die Kinder werden beauftragt, zu dieser Stunde Fotos vom Fasching des letzten Jahres mitzubringen. So werden sie angeregt, vom Fasching zu erzählen. Pläne und Erwartungen der Kinder für den kommenden Fasching können berücksichtigt werden. Anschließend wird das Gedicht gelesen und besprochen. Der Begriff „Krapfen" wird anhand des Leselexikons geklärt.

Nach dem Lesen des Gedichtes werden die Aufgaben erarbeitet.

Bezugnehmend auf die 1. Aufgabe bietet es sich anhand dieses Gedichts an, auf regionale Faschingsbräuche einzugehen.

Vom schmutzigen (lumpigen) Donnerstag bis zum Faschingsdienstag werden alle Tage angesprochen.

Aufgabe 2 sollte mit Kunst zusammen ausgeführt werden. Es kann ein Faschingsposter mit Fotos der Kinder und ihren unterschiedlichen Verkleidungen gestaltet werden. Jedes Kind trägt zu seinem Foto einen eigenen Untertitel ein, z. B. Tanja als Zauberin.

Alternativen und Differenzierungen

Die Aufgabe 2 könnte auch als Schreibanlass dienen: „Ich verkleide mich als ..."
Die Kinder stellen sich z. B. als Clown dar: Welche Utensilien braucht er und was kann er alles machen?

Fächerübergreifende Anregungen

In Kunst kann die Anregung von Piri zum Maskenbasteln aufgegriffen werden.

Frühling

Aufruhr im Gemüsebeet

Es war ein schöner Frühlingsmorgen. In allen Büschen sangen
die Vögel, Blätter und Gras wuchsen und kleine Tiere flogen
und krabbelten und arbeiteten überall herum. Die ganze Luft war
von einem schwach surrenden Geraschel erfüllt, singendes Sausen
von all dem Leben, das nach dem Winter erwacht war.
Der alte Pettersson stand im Gemüsegarten
und schaute sich um und prüfte die Erde.
„Jetzt ist es so weit", sagte er.
„Heute können wir Gemüse säen und Kartoffeln setzen."
Kater Findus flitzte herum und erschreckte die Käfer.
„Was heißt das, setzen?", fragt er.
„In die Erde stecken. Wenn wir Mohrrübensamen
in die Erde säen, wachsen dort Mohrrüben.
Und aus jeder Kartoffel, die wir in die Erde legen,
werden fünf bis zehn neue Kartoffeln."
Der Kater sah den Alten streng an.
„Aber ich mag keine fünf bis zehn neue Kartoffeln
und Mohrrüben auch nicht. Können wir nicht lieber
Fleischklößchen pflanzen?"
„In die Erde stecken können wir sie immer.
Aber sie werden nicht wachsen", sagte Pettersson.
„Man kann's ja mal versuchen", sagte Findus ...
Der Kater pflanzte sein Fleischklößchen.
Von Zeit zu Zeit lief er hin um nachzusehen,
ob es schon gewachsen war.

Sven Nordqvist

● Was wird mit dem Fleischklößchen passieren?

● Was kann man im Frühjahr pflanzen und säen?

170

Der Hase mit der roten Nase

Es war einmal ein Hase
mit einer roten Nase
und einem blauen Ohr.
Das kommt ganz selten vor.

Die Tiere wunderten sich sehr:
Wo kam denn dieser Hase her?

Er hat im Gras gesessen
und still den Klee gefressen.

Und als der Fuchs vorbeigerannt,
hat er den Hasen nicht erkannt.

Da freute sich der Hase.
„Wie schön ist meine Nase
und auch mein blaues Ohr,
das kommt so selten vor."

Helme Heine

171

Seite 170
Methodische Umsetzung

Der Einstieg erfolgt über ein Gespräch. Die Kinder werden gefragt:

Welche Arbeiten fallen im Frühjahr an?
Was haben Eltern/Großeltern/die Kinder im Garten oder auf dem Balkon gesät/gepflanzt?

Kinder, die im Schulgarten arbeiten, können ihre Erfahrungen einbringen. Danach wird der Text gelesen. Aufgabe 1 bietet die Möglichkeit für das Schreiben einer Phantasiegeschichte. Die Kinder schreiben, was sie gern Unmögliches pflanzen oder säen würden und was daraus entstünde.

Die Kinder werden durch den Buchtipp auf dieser Seite angeregt, über den Autor und seine Bücher zu sprechen. Ist der Film von Petterson und Findus bekannt, können Vergleiche zwischen Buch und Film angestellt werden.

Fächerübergreifende Anregungen

Aufgabe 2 könnte im Sachunterricht behandelt werden. Die Pflege eines Schulgartens, die Betreuung eines Beetes, das Anbauen von Gemüsearten, das Pflanzen von Frühblühern sowie das Aussäen von Kresse auf der Fensterbank sind möglich.

Seite 171
Methodische Umsetzung

Zu Beginn wird mit den Kindern ein Gespräch über Osterhasen geführt. Kinder, die ein Kaninchen zu Hause haben, können auch über ihre Erlebnisse erzählen.

Im Anschluss wird das Gedicht mit den Kindern gelesen und eventuell auswendig gelernt. Nun vermuten die Kinder, woher der Hase seine Farbe bekommen hat. Dies kann auch als Schreibanlass dienen. Des Weiteren könnte den Kindern aufgezeigt werden, dass Anderssein Vorteile haben kann.

Fächerübergreifende Anregungen

In Kunst können Stabpuppen passend zum Gedicht hergestellt und in Musik der „Hasen-Swing" vorgestellt werden.

Literaturtipp

Von Frühlingsboten und Hasenpfoten
von Knister/Paul Maar, Thienemann Verlag
ISBN 3-52242410-7

Kopiervorlage 59   Seite 155
Kopiervorlage 60   Seite 156

April, April!

Am Nachmittag, als wir unsere Schulaufgaben gemacht hatten,
lief Lasse zum Südhof und sagte zu Ole: „Ole, ein Lumpensammler
ist in den Nordhof gekommen. Er kauft Steine auf."
„Steine kauft er?", fragte Ole, der ganz vergessen hatte,
5 dass erster April war. „Was denn für Steine?"
„Na, solche Steine, wie ihr sie hier im Garten habt", sagte Lasse.
Und Ole fing an, so viele Steine, wie er konnte, in einen Sack
zu sammeln. Und dann hastete er mit dem vollen Sack zum Nordhof.
Dort war wirklich ein Mann, aber der kaufte nur Lumpen
10 und Flaschen.
„Bitte, hier haben Sie noch meine Steine", sagte Ole. Er schleppte
dem Mann den Sack entgegen und sah ganz verzückt aus.
„Steine?", fragte der Mann und begriff nicht. „Sagtest du Steine?"
„Und ob", sagte Ole und sah noch verzückter aus.
15 „Richtige, prima Feldsteine sind es. Ich habe sie selbst
in unserem Garten aufgesammelt."
„Ach so", sagte der Mann, „da haben sie dich aber schön angeführt,
mein kleiner Freund."
Da erinnerte sich Ole, dass ja erster April war.
20 Sein Gesicht lief rot an und er nahm den Sack über die Schulter
und zog damit wieder nach Hause ohne ein Wort zu sagen.
Aber hinter dem Zaun stand Lasse und schrie laut: **„April, April!"**

Astrid Lindgren

● Wurdest du schon einmal am ersten April hereingelegt?

● Fällt dir ein lustiger Aprilscherz ein?

172

Auf der Wiese

Im Frühling wird die Wiese wieder grün. Die Knospen vom Löwenzahn entfalten sich. Die runde Blüte mit den vielen Blütenblättern bricht auf. Das leuchtende Gelb und der Duft ziehen Bienen und Hummeln an. Sie holen den süßen Nektar aus den Blüten. Jeden Abend schließt sich die Blüte. Irgendwann bleibt sie ganz geschlossen und die Samen reifen heran. Aus der Blüte wird die Pusteblume. Die federleichten Samen werden vom Wind davongetragen. Aus ihnen werden neue Löwenzahnpflanzen.

● Beantworte die Fragen:
  – Was zieht Bienen und Hummeln an?
  – Was geschieht abends mit der Blüte?
  – Was passiert mit den Samen?

● Schreibe die Fragen und deine Antworten auf. Antworte im Satz.

Zum Muttertag

Die Klasse 2a hat Muttertagselfchen geschrieben.

Ein
Muttertagselfchen
für dich
von Nadine

Rot
Das Herz
Es schmeckt süß
Ich backe es dir
Mama

Früh
Der Morgen
Im Hause still
Ich richte das Frühstück
Mama

● Dichte ein eigenes Muttertagselfchen.

173

Seite 172
Methodische Umsetzung

Die Lehrerin schickt die Kinder in den April, z. B. „Ihr bekommt 5 Hausaufgaben auf.".
Anschließend wird der Text von Astrid Lindgren gelesen. Das Wort „Lumpen" muss im Leselexikon nachgeschlagen werden. Der Aprilscherz dieser Geschichte sollte noch einmal mit eigenen Worten erklärt werden. Dann kann der Text in verteilten Rollen vorgetragen werden.
Im anschließenden Unterrichtsgespräch werden nun verschiedene Aprilscherze erzählt. Dies bietet auch einen Schreibanlass.

Seite 173
Methodische Umsetzung

Als Einstieg in diese Seite bietet sich ein Unterrichtsgang an. Die Kinder können sich so besser mit dem Thema „Wiese" auseinandersetzen. Alternativ dazu kann Löwenzahn (möglichst in beiden Stadien) mitgebracht werden.
Es handelt sich hier um einen Sachtext, den die Kinder sinnentnehmend lesen müssen, um die gestellten Fragen auch beantworten zu können. Durch das Leselexikon können die Kinder sich den Begriff „Nektar" selbst erschließen.

Alternativen und Differenzierungen

Die Entwicklung des Löwenzahns kann mit dem Jahr der Sonnenblume auf der Kapitelauftaktseite verglichen werden.

Fächerübergreifende Anregungen

Die Themen Wiese und Löwenzahn können im Sachunterricht weiter vertieft werden.
In einem Löwenzahnprojekt bereiten die Kinder verschiedene Rezepte mit Löwenzahn zu, bauen mit Draht und Seidenpapier die Schirmchen nach und lassen sie fliegen, drucken eine Wiese mit Löwenzahnblättern und informieren sich über den Löwenzahn als Heilpflanze und die Herkunft seines Namens. Zum Thema Wiese könnte den Kindern außerdem gezeigt werden, wie man Pflanzen presst.
Im unteren Teil der Seite sollen die Kinder angeregt werden, selbst ein Elfchen zum Muttertag zu schreiben und ein Schmuckblatt zu gestalten. Die Anleitung dafür wurde im Kapitel 4 gegeben.

Arbeitsheft   Seite 47

Kopiervorlage 61   Seite 157

Sommer

Was im Sommer Spaß macht

Hast du schon mal nachgedacht,
was im Sommer Freude macht?
Schau dich um, schau dich um,
überall und rundherum.
In der grünen Wiese liegen,
auf dem Wasser Surfen üben,
eine große Sandburg bauen,
in die weißen Wolken schauen.

Würstchen und Kartoffeln grillen,
Federball und Fußball spielen,
Himbeereis mit Sahne schlecken,
Kopfsprung in das Wasserbecken.
Kirschen, Äpfel, Beeren pflücken,
warme Sonne auf den Rücken,
warme Sonne auf den Bauch,
spritzen mit dem Gartenschlauch.

Ferien auf dem Land erleben,
Schweinen morgens Futter geben,
Traktor fahren, Pony reiten,
Kühe auf die Weide treiben.
Weißt du was, weißt du was,
das macht im Sommer Spaß.

Rosemarie Künzler-Behncke

● Was machst du im Sommer gern?

● Finde die Reimwörter im Gedicht. Schreibe sie auf.

Nicht alle Wörter reimen sich am Ende.

● Schreibe eine Sommergeschichte.
Verwende folgende Wörter:

| Sonne | Schwimmbad | tauchen |

174

Ferien zu Hause

In der Klasse 2a erzählen die Kinder von den Ferien.
Stefanie war in Spanien und konnte im Meer
schwimmen. Olivia war mit ihren Eltern in England.
Tom war in Italien. Dort gab es immer
5 sein Lieblingsessen: Spagetti mit Tomatensoße.

Nun soll Malte erzählen, wo er war.
Er wird ganz rot.
Dann sagt er: „Weil meine Eltern arbeiten mussten,
konnten wir nicht verreisen. Ich war nur
10 bei meinen Großeltern."
„War das nicht langweilig?", fragt Mona.

Malte überlegt und sagt: „Eigentlich nicht.
Opa und ich haben im Garten ein Zelt aufgebaut.
In dem haben wir zwei Nächte geschlafen.
15 Das war total unheimlich.
Einmal habe ich mit Oma Pilze gesucht. Das war toll.
Opa zeigte mir, wie man aus Rinde Boote schnitzt.
Die sind richtig geschwommen.
Am tollsten war unsere Lesenacht. Jeff und Nico
20 durften bei mir schlafen. Sie haben ihre Lieblings-
bücher mitgebracht. Zuerst haben meine Groß-
eltern vorgelesen, dann durften wir so lange lesen,
wie wir wollten.

Die Kinder schauen Malte an. Dann sagt Tom
25 nachdenklich: „Ich glaube, Malte hatte spannendere
Ferien als ich."

Ute Schimmler/Sabine Trautmann

● Warum meint Tom, dass Malte spannendere Ferien hatte?

● Was kannst du in den Ferien zu Hause machen?

● Ihr könnt eure Vorschläge zu einem Plakat zusammenstellen.

175

Seite 174
Methodische Umsetzung

Zu Beginn tauschen sich die Lehrerin und die Kinder darüber aus, was sie am Wochenende/in den Ferien erlebt haben oder vorhaben. Danach lesen alle gemeinsam das Gedicht. Frage 1 regt die Kinder an, zu erzählen, was sie gern machen. Dies kann jeweils von einem Kind pantomimisch vorgespielt werden und die anderen Kinder raten.

In Aufgabe 2 wiederholen die Kinder noch einmal selbstständig den Umgang mit Reimwörtern. In Partnerarbeit könnten die Kinder eine neue Strophe über die Dinge dichten, die sie selbst gern im Sommer machen.

In Aufgabe 3 werden die Kinder zum Schreiben einer Sommergeschichte unter Verwendung von Reizwörtern angeregt.

Fächerübergreifende Anregungen

Das Gedicht kann in Musik als Lied gesungen und gelernt werden. Man kann es auch sehr gut spielen, indem immer zwei Kinder nach vorne treten und mit Bewegungen zeigen, was sie im Sommer gerne machen. Die anderen Kinder singen dazu das Lied. Dieses vertonte Gedicht kann als Anregung für ein Sommerfest dienen.

Arbeitsheft   Seite 48

Kopiervorlage 62   Seite 158

Seite 175
Methodische Umsetzung

Die Kinder werden angehalten, von ihren letzten Ferien zu berichten sowie über die kommenden Ferien nachzudenken.

Der Text verdeutlicht, dass man in den Ferien auch zu Hause etwas erleben kann. In Gruppen wird auf Plakaten gesammelt, was die Kinder schon zu Hause gemacht haben bzw. wo man sich nach Angeboten erkundigen kann:

- In der Tageszeitung/im Ortsanzeiger nachschauen, was für Kinder angeboten wird.
- Was bieten Museen/Vereine an?
- Sich mit anderen Kindern verabreden (Schwimmbad, Spiele-Nachmittag).

Arbeitsheft   Seite 48

Kopiervorlage 63   Seite 159

Der Kern

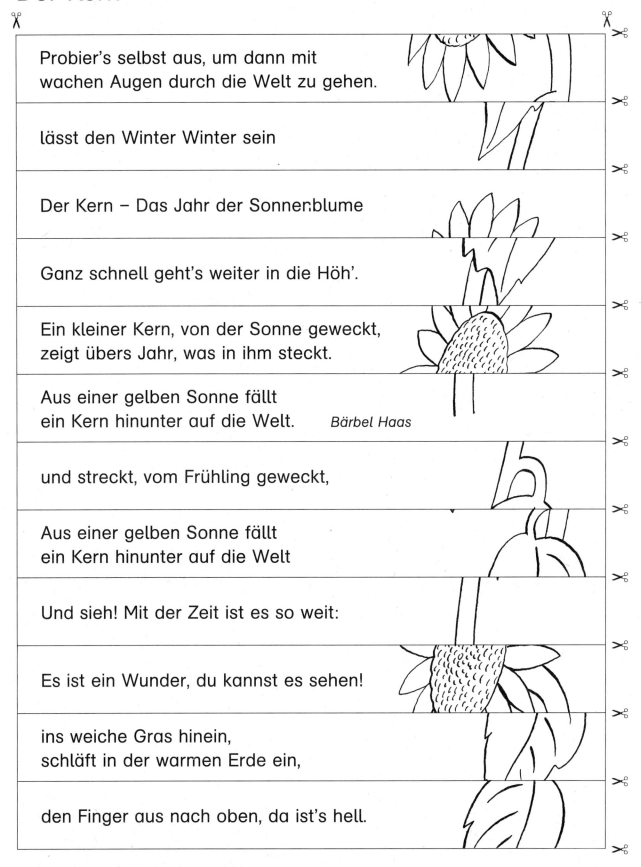

Probier's selbst aus, um dann mit
wachen Augen durch die Welt zu gehen.

lässt den Winter Winter sein

Der Kern – Das Jahr der Sonnenblume

Ganz schnell geht's weiter in die Höh'.

Ein kleiner Kern, von der Sonne geweckt,
zeigt übers Jahr, was in ihm steckt.

Aus einer gelben Sonne fällt
ein Kern hinunter auf die Welt.   *Bärbel Haas*

und streckt, vom Frühling geweckt,

Aus einer gelben Sonne fällt
ein Kern hinunter auf die Welt

Und sieh! Mit der Zeit ist es so weit:

Es ist ein Wunder, du kannst es sehen!

ins weiche Gras hinein,
schläft in der warmen Erde ein,

den Finger aus nach oben, da ist's hell.

❶ Schneide die Streifen aus.

❷ Klebe sie in der richtigen Reihenfolge auf ein Blatt.
    Vergleiche mit der Vorlage im Buch.

Die Jahreszeiten

Winter

Sommer

Herbst

Frühling

1 Wie unterscheiden sich die Jahreszeiten? Vergleiche und beschreibe.

2 Male die Bilder mit passenden Farben aus.

Der Blätterhaufen

Hier wird eine Geschichte von Charlie Braun und Lucy erzählt:

© Charles M. Schulz

❶ Erzähle zu den Bildern.

❷ Du kannst zu den Bildern eine Geschichte schreiben.

Eine Apfelschablone

❶ Diese Schablone kannst du ausschneiden, beschreiben und gestalten.

❷ Du kannst sie aber auch als Schablone für eine Klappkarte verwenden.

z.B. als Umschlag für ein Apfelbuch

z.B. als Einladung zum Apfelfest

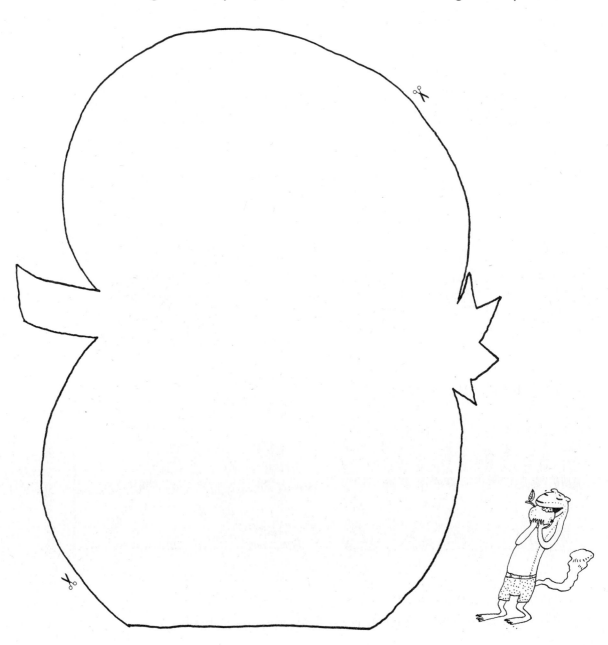

„Wie's im ganzen Hause duftet!"

Text: Ortfried Pörsel
Melodie: Heinz Lemmermann
© Fidula

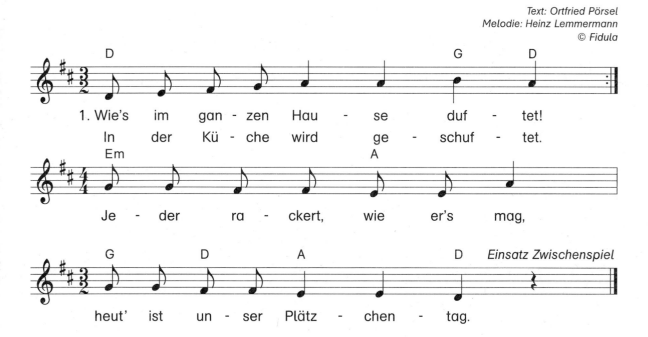

1. Wie's im gan - zen Hau - se duf - tet!
In der Kü - che wird ge - schuf - tet.
Je - der ra - ckert, wie er's mag,
heut' ist un - ser Plätz - chen - tag.

Einsatz Zwischenspiel

2. Heute backt die Großfamilie:
Oma, Mutter, Klaus, Ottilie.
Dabei sieht das ganze Haus
wie ein Riesenbackplatz aus.

Zwischenspiel

3. Schütteln, rühren, kneten, packen,
stechen, streichen, legen, backen.
Aus dem Herde dringt ein Duft:
allerbeste Weihnachtsluft.

4. Manches Plätzchen rasch verschwindet,
das man nie mehr wiederfindet,
nach dem alten Weihnachtsbrauch:
zwei gebacken – eins im Bauch.

Geschenkanhänger für Weihnachten

① Schneide die Anhänger sauber aus.

② Male sie mit Stiften oder Wasserfarben aus.

③ Du kannst auch Bändchen befestigen.

Eine Osterei-Karte

1 Setze Ei oder ei ein.

Du kannst die Vorlage ausschneiden und eine Osterkarte gestalten.

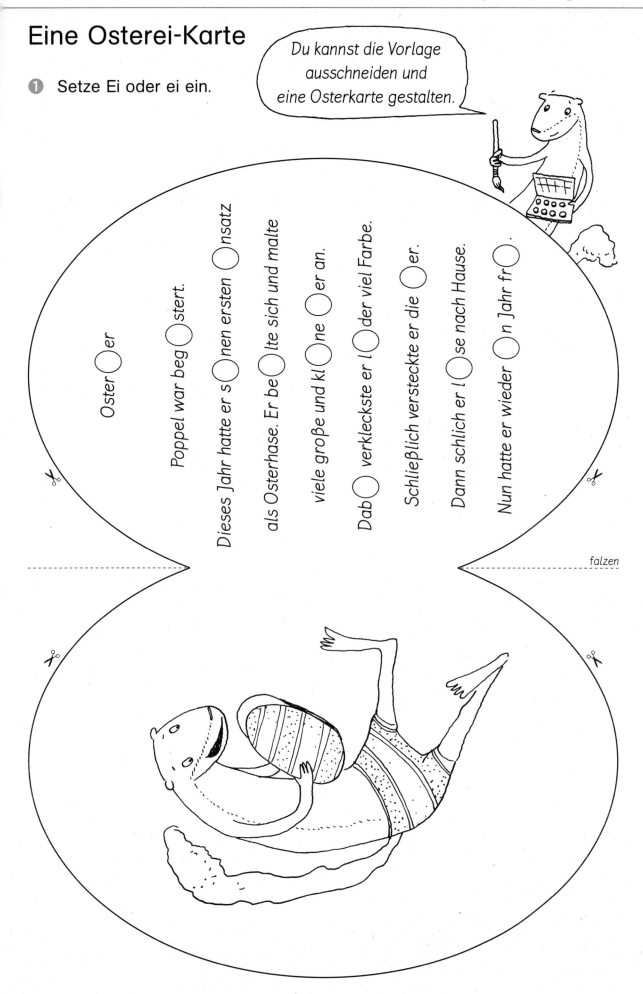

Oster○er

Poppel war beg○stert.

Dieses Jahr hatte er s○nen ersten ○nsatz

als Osterhase. Er be○lte sich und malte

viele große und kl○ne ○er an.

Dab○ verkleckste er l○der viel Farbe.

Schließlich versteckte er die ○er.

Dann schlich er l○se nach Hause.

Nun hatte er wieder ○n Jahr fr○.

falzen

Hasen-Swing

Text: Lisa Wittmann
Melodie: Rüdiger Urbanek

Intro = M-ta-ta …

1. Es ma-len vier Ha-sen zur Os-ter-fei-er wie je-des Jahr brav Os-ter-ei-er. Zu-nächst be-ginnt man recht geschwind, doch als sechs Ei-er fer-tig sind, da macht der ers-te sich den Spaß und taucht ein Ohr ins Far-ben-glas: M-ta-ta, m-ta-ta, m-ta-ta, m-ta, m-ta-ta, m-ta-ta, m-ta-ta.

2. „Wie siehst du aus!", die andern schrein.
„Ein rotes Ohr! Du bist ein Schwein!"
Was uns'ren Hasen wenig stört.
Im Gegenteil, was tut er? – Hört:
Er streicht mit roter Farbe auch
sich seinen weichen Hasenbauch.

M-ta-ta …

3. Und nun, auf einmal, sind die drei
gleichfalls für Hasenfärberei.
Der zweite fasst ein Herz sich schnell,
bedeckt mit Schwarz sein ganzes Fell.
Der dritte Hase wird schön bunt,
er tupft Orange auf gelben Grund.

M-ta-ta …

4. Der vierte malt sich blaue Streifen
und dreht die Ohren schick zu Schleifen.
Er singt ein Lied aus vollem Hals.
Die andern singen ebenfalls
und tanzen stundenlang im Kreis.
Die meisten Eier bleiben – weiß!

M-ta-ta …

Muttertagsherzen

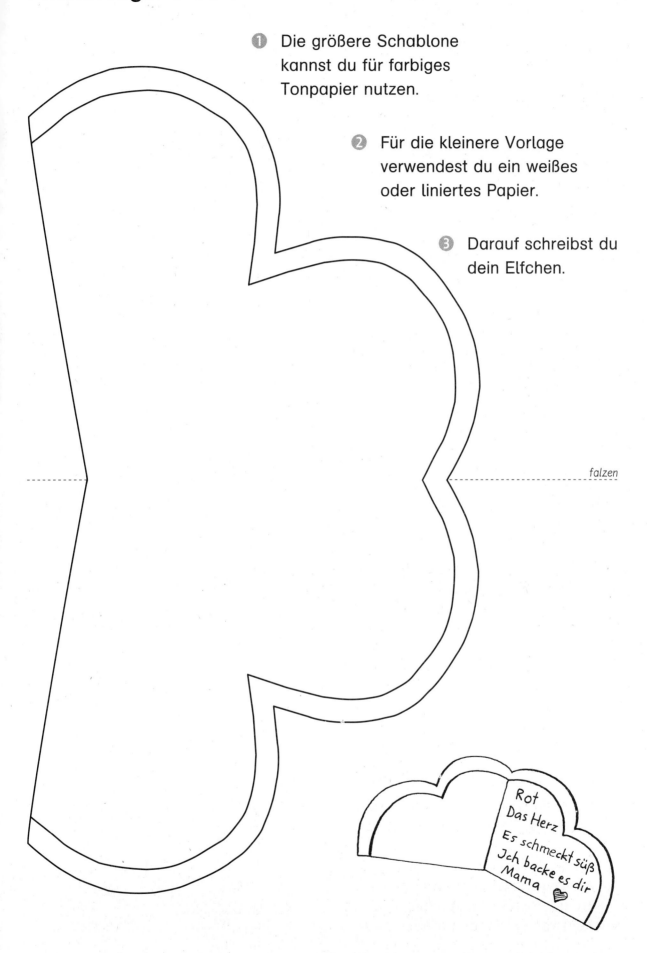

❶ Die größere Schablone kannst du für farbiges Tonpapier nutzen.

❷ Für die kleinere Vorlage verwendest du ein weißes oder liniertes Papier.

❸ Darauf schreibst du dein Elfchen.

falzen

Rot
Das Herz
Es schmeckt süß
Jch backe es dir
Mama ♡

Was im Sommer Spaß macht

Text: Rosemarie Künzler-Behncke
Melodie: Klaus W. Hoffmann

Hast du schon mal nach-ge-dacht, was im Som-mer Freu-de macht?

Schau dich um, schau dich um, ü-ber-all und rund-he-rum:

1. In der grü-nen Wie-se lie-gen, auf dem Was-ser

Sur-fen ü-ben, ei-ne gro-ße Sand-burg

bau-en, in die wei-ßen Wol-ken schau-en.

Weißt du was, weißt du was: Das macht im Som-mer Spaß!

Weißt du was, weißt du was: Das macht im Som-mer Spaß!

2. Kirschen, Äpfel, Beeren pflücken,
warme Sonne auf dem Rücken,
warme Sonne auf dem Bauch,
spritzen mit dem Gartenschlauch.

3. Würstchen und Kartoffeln grillen,
Federball und Fußball spielen,
Himbeereis mit Sahne schlecken,
Kopfsprung in das Wasserbecken.

4. Ferien auf dem Land erleben,
Schweinen morgens Futter geben,
Traktor fahren, Ponys reiten,
Kühe auf die Weide treiben.

Was du in den Ferien zu Hause machen kannst

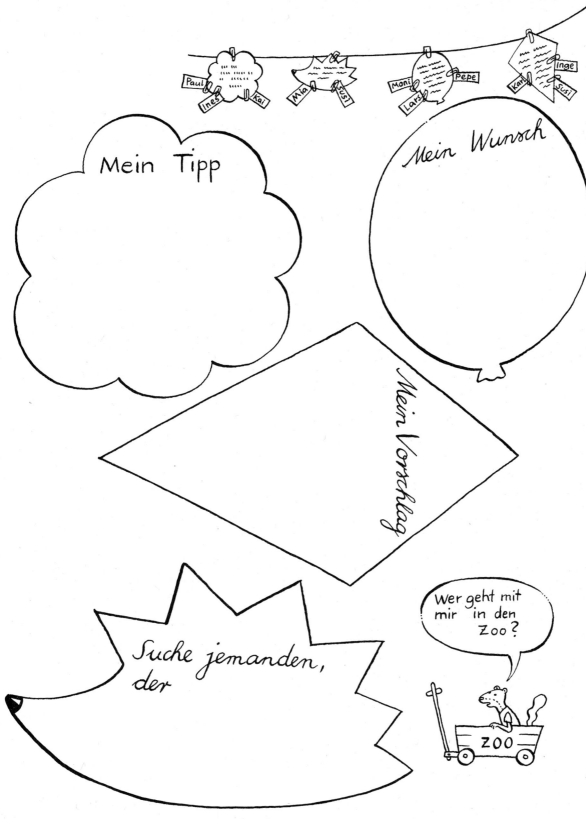

① Tragt eure Sommerideen zusammen.
② Vergiss nicht deinen Namen anzugeben.
③ Wenn einem Kind deine Idee gefällt, kann es einen Zettel mit seinem Namen anklammern.

Piri

Lehrerband zum Sprach-Lese-Buch 2

Erarbeitet von
Angela Hock-Schatz
Sonja Kargl
Ute Schimmler
Sabine Trautmann

Beratung von
Christa ten Broek
Manuela Burgard
Judith Havenith-Kluck
Marion Kosmowski
Hedda Otterbach

Illustrationen:
Cleo-Petra Kurze
Claudia Weikert

1. Auflage
A 1 5 4 3 2 1 | 07 06 05 04 2003

Alle Drucke dieser Auflage können im Unterricht nebeneinander benutzt werden, sie sind untereinander unverändert.
Die letzte Zahl bezeichnet das Jahr dieses Druckes.
© Ernst Klett Grundschulverlag GmbH, Leipzig 2003.
Internetadresse: http://www.klett-verlag.de
Alle Rechte vorbehalten.

Umschlag: Steffi Kassler unter Verwendung einer Illustration von Claudia Weikert
Layout: Dagmar & Torsten Lemme, Berlin
Satz: Alexander Della Giustina, Leipzig
Repro: Meyle + Müller, Pforzheim
Druckerei: Medien Druck Unterland GmbH, Flein
ISBN 3-12-270409-9

9 783122 704094

Quellennachweis

KV 1, Seite 21:
„Unser Piri-Lied". Text: Sabine Trautmann, Melodie: Marcus Laube.

KV 12, Seite 43:
„Drei Chinesen mit dem Kontrabass". Text und Melodie: überliefert.

KV 15, Seite 46:
„Meine Biber haben Fieber". Text: Wolfgang Hering/ Bernd Meyerholz, Melodie: überliefert, © Fidula.

KV 17, Seite 48:
e.o.plauen: „Der Schmöker". Aus: Vater und Sohn. Gesamtausgabe. Südverlag GmbH, Konstanz 1982. © Gesellschaft für Verlagswerte Kreuzlingen/Schweiz.

KV 22, Seite 67:
Trautmann, Sabine: „Die kleine Maus". Originalbeitrag.

KV 26, Seite 71:
„Die Igel". Text: Michael Milde, Melodie: Hans Sandig. Aus: Der Kuckuck & der Esel. Ein Bilder-Liederbuch für Kinder, Deutscher Verlag für Musik Leipzig.

KV 36, Seite 94:
Schwarz, Regina: „Meins". Aus: Hans-Joachim Gelberg (Hrsg.): Augenaufmachen. 1984 Beltz & Gelberg Verlag, Weinheim und Basel.

KV 44, Seite 116:
„London Bridge is falling down". Text und Melodie: überliefert.

KV 53, Seite 149:
Haas, Bärbel: „Der Kern". Aus: Das Jahr der Sonnenblume. GT Verlag Würzburg, 2000.

KV 55, Seite 151:
Schulz, Charles M.: „Der Blätterhaufen" (im Original ohne Titel). Aus: Lebenskünstler Snoopy. Ravensburg: Ravensburger Buchverlag Otto Maier, 1979.

KV 57, Seite 153:
„Wie's im ganzen Hause duftet". Text: Ortfried Pörsel, Melodie: Heinz Lemmermann, © Fidula.

KV 60, Seite 156:
„Hasen-Swing". Text: Rüdiger Urbanek, Melodie: Lisa Wittmann.

KV 62, Seite 158:
„Was im Sommer Spaß macht". Text: Rosemarie Künzler-Behncke, Melodie: Klaus W. Hoffmann.

In wenigen Fällen ist es trotz umfangreicher Bemühungen nicht gelungen, die Rechteinhaber von Textbeiträgen ausfindig zu machen. Der Verlag ist hier für entsprechende Hinweise dankbar. Berechtigte Ansprüche werden selbstverständlich im Rahmen der üblichen Vereinbarungen abgegolten.